手話通訳士試験
合格への道

評価項目に
準拠した
実技試験対策の
ポイント

［監修］一般社団法人日本手話通訳士協会

中央法規

はじめに

　本書は、手話通訳技能認定試験（以下、手話通訳士試験）が求めている全体像を理解し、出題基準に準じて解説した手話通訳士試験にチャレンジする皆さんの学習書です。

　本書と並んで、中央法規出版が発行している学習教材には、実技試験対策の『DVD 手話通訳士試験合格への道』、学科試験対策の『六訂手話通訳技能認定試験傾向と対策』があります。これらはともに、過去の試験問題や試験の傾向を踏まえて作成されています。

　本書を受験対策の入門書として活用するとともに、ここで得た知識を確実なものとするために、上記の DVD と書籍を繰り返し学習することで、知識を確実なものにすることができるでしょう。

　本書を手にする方のなかには、1、2 年後に手話通訳士試験を受験する予定で学ぶ方もいるでしょう。また数か月後に迫った試験にチャレンジする方もいるでしょう。それぞれに限られた時間のなかで本書を有効に活用することで、皆さんが手話通訳士試験に合格され、ろう者が手話言語で暮らせる社会づくりの一助となることを期待しています。

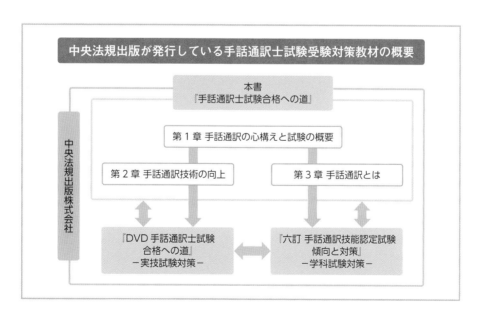

目次

はじめに

第**3**章　手話通訳とは

執筆者一覧・編集協力

第 **1** 章

手話通訳の心構えと 試験の概要

手話通訳士は、手話通訳士倫理綱領前文が示すように「聴覚障害者の社会参加を拒む障壁が解消され、聴覚障害者の社会への完全参加と平等が実現されることを願い」活躍することをその本旨としています。

　第1章では、わが国の手話通訳の担い手をはじめ、戦後、ろう運動がめざした手話言語通訳、手話言語通訳者のあり方を中心にみていきます。

　わが国では、厚生労働省の手話奉仕員及び手話通訳者養成カリキュラム、厚生労働省令第96号の手話通訳を行う者の知識及び技能の審査・証明事業の認定に関する省令にあるように、手話言語通訳の担い手を手話奉仕員、手話通訳者、手話通訳士の3層で整理しています。

　一般財団法人全日本ろうあ連盟元理事長の安藤豊喜は、『手話通訳士ブックレット5 社会福祉法と手話通訳制度』（一般社団法人日本手話通訳士協会、2001年）の60ページで手話奉仕員と手話通訳者・手話通訳士の違いについて、次のように述べています。「手話通訳士や手話通訳者は手話通訳を依頼されたらそれを受けて通訳をする。手話奉仕員は、自発的に自由に聴覚障害者と共に歩むもの」（要約）と、「事業としての担い手」と「自発的な活動の担い手」に整理しています。

　では、手話通訳事業・制度の担い手である手話通訳士制度について学びます。

図1　手話言語通訳の担い手の階層

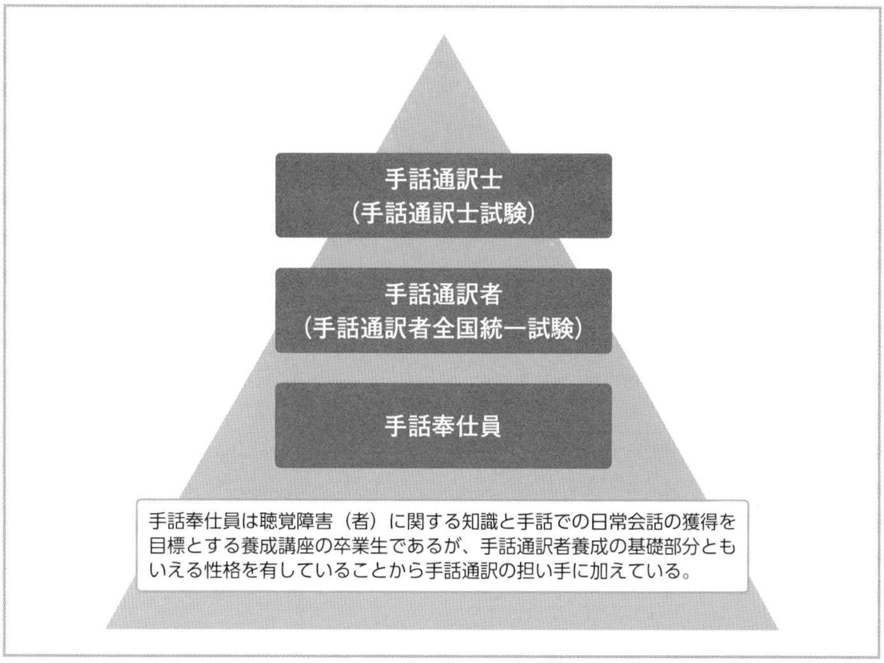

手話通訳士
（手話通訳士試験）

手話通訳者
（手話通訳者全国統一試験）

手話奉仕員

手話奉仕員は聴覚障害（者）に関する知識と手話での日常会話の獲得を
目標とする養成講座の卒業生であるが、手話通訳者養成の基礎部分とも
いえる性格を有していることから手話通訳の担い手に加えている。

❶ 手話通訳士制度の基盤となった検討事業

（1）手話通訳制度調査検討報告書

　厚生労働省が一般財団法人全日本ろうあ連盟に検討を委託した手話通訳制度調査検討事業の報告書（（1985（昭和60）年4月）には、次のように手話通訳士の職務を整理しています。

（イ）聴覚障害者のコミュニケーションに関すること。

　これは単なる言葉の置き換えのみではなく、日本語（口話を含む）と手話双方の話を訳して相手方に伝えることである。

（ロ）聴覚障害者への情報提供に関すること。

　これは、聴覚障害者問題の正しい理解に立って各種の情報を的確に提供することである。ただし、「手話通訳士」は設置場所、地域等により、上記（イ）（ロ）以外の業務を行うことも考慮する必要がある。

と双方の語りを通訳することを強調し、通訳の円滑化のため、ろう者の理解を促す情報提供も職務としています。

（2）手話通訳認定基準等策定検討委員会報告書

　上記（1）同様、厚生労働省が一般財団法人全日本ろうあ連盟に委託した手話通訳認定基準等策定検討事業の委員会報告書（1988（昭和63）年3月）では、手話通訳士の職務を次のように整理しています。

　この報告書は、手話通訳士制度の基盤となった事業で、ろう運動側が提唱していた「養成・認定・設置・派遣」の4本柱のうち「養成・認定」を抜き出したものと言われています。

　では、次に職務と専門性に絞って紹介します。

①「手話通訳士」の職務

　「手話通訳士」の職務とは、聴覚障害者にかかわる「コミュニケーション」が円滑かつ確実にできるように、聴覚障害者が用いる多様な表現手段や、そのレベルに対応して、仲介・伝達すること。また、これらの「コミュニケーション」が正確・対等に行われるのに必要な場面や状況等についての情報を聴覚障害者と健聴者に提供することである。

としています。

②「手話通訳士」の専門性

　「手話通訳士」の専門性について、聴覚障害者の直面するさまざまな問題の理解を前提に、次のように整理しています。

（ⅰ）国語の理解が不十分な聴覚障害者に対する場合でも

（ⅱ）個人的社会的に重要かつ複雑な場面で、迅速に確実なコミュニケーション・情報を確保する必要がある場合でも

（ⅲ）高等教育や企業内教育のように専門的用語が使用される場合でも聴覚障害者に十分に伝達できる通訳技術を言う。

としています。

　ここにみる手話通訳士の職務は、わかる意思疎通の仲介にあり、社会福祉事業という性格を踏まえ、意思疎通の仲介に関する高いレベルが要求されていることがわかります。

　手話通訳士試験は、ろう運動がめざしてきた人権施策としての資格制度を取り込みつつも厚生労働省が一般財団法人全日本ろうあ連盟に委託した2つの調査検討事業をベースにした意思疎通の仲介事業となっていることがうかがえます。

　これは現状の到達点で、憲法や2014（平成26）年に批准され国内法となった「障害者の権利に関する条約」の精神並びにろう運動がめざす人権施策としての手話通訳制度の通過点であり、めざす手話通訳（士）像の到達点でもあるのです。

❷ 手話通訳事業で取り組まれている事例

(1) 社会的行動の自由

　手話通訳依頼を受け、手話通訳士が出向く先は、病院であったり学校であったりさまざまです。出向いた先には、ろう者と直接コミュニケーションが取れない「聞こえる人」がいます。その「聞こえる人」が手話ができなくてもろう者とかかわろうとする気持ちを持ち、自分のできることをすることが大切であることを皆さんはこれまでの研修等で学んできたと思います。手話通訳に出かけた先でさまざまな時間を活用してろう者と共に「聞こえる人」1人ひとりができることに気づけるよう働きかける行為はとても大切ですし、具体的に手話通訳士が働きかけていることは多くの手話通訳実践が明らかにしています。このことは手話通訳士だけでなく、手話通訳事業の事業所はじめ、ろう者に係る団体の役割にもなっています。

　この実践の根拠となっているのは、第8回世界ろう者会議提出論文「日本における手話通訳の歴史と理念」（安藤豊喜・高田英一）（以下、安高論文）で、ろう者の権利を守る手話通訳について、次のように解説しています。

「社会的行動の自由の獲得のための協力者であり援助者であるとすることが正しい。（中略）ろう者が手話通訳に期待する必要条件の1つとして、即時性を含めて常時性をあげることができる。必要な時にいつでも即時に手話通訳を得ることを求めるのは、ろう者にとって自然である。このことは健聴者に常時聴覚が備っていることと対応する。しかし、この常時性の保障を手話通訳制度の発達、手話通訳の増員にのみ求めることは危険な側面を含んでいる。それは、ろう者の社会的行動の自由が、手話通訳の有無によって左右されかねない側面である。ろう者の要求する手話通訳の常時性は、いわば見かけの部分であり、その本質は、社会

的自立にあることを見誤るべきでない。この見誤りは、手話通訳のろう者コミュニケーション保障の単なる一手段化をもたらす。そこには、重要な人間関係の発達をみることはできず、金銭に換算される労務の被提供、提供の関係が残るだけであろう。」

（2）権利意識の高さ

　権利を守るという意識を持った手話通訳士を必要とする事例です。

　松本晶行は、『ろうあ者・手話・手話通訳』（文理閣、1997年）で、意識があるかないかで通訳が異なると言っています。差別用語に関する事例をあげていますので、そこから紹介します。

　「障害者団体の会長がメクラの人が……と発言した」そうです。その場にいた2人の手話通訳者のうち1人は「盲人」と通訳し、もう1人の通訳は「盲人」の手話に続けて「メクラ」と指文字を付け加えました。

「単に意味を伝えるにはどちらも間違いではない。また、その会長さんに差別的な意図があったとも思えない。しかし、障害者団体の会長が「メクラ」というのは、やはり問題であろう。問題を正しく伝えるには、問題意識がいる。とっさに指文字を付け加えた通訳者には、その問題意識、つまり「権利を守る通訳」という意識があったわけだ。これは手話通訳技術の一部なのである。」（203ページ）

　ろう者にとって手話通訳は「権利」そのものであり、手話通訳するうえでろう者の権利を守るものと考えて臨むか、何も考えずに臨むかの違いを提起したもので、正確な手話通訳を考える事例です。

　ここで、ろう者個々の願いを紹介します。白澤は、「ろう者の手話通訳に対する期待」を調査し、次のように報告しています。

手話通訳に対する期待の内容	
1	必要な部分を落とさずに伝えてほしい
2	場面や話題が変わったことをはっきり伝えてほしい
3	情報や間違いやずれを生じさせないでほしい
4	安心してみていられる通訳をしてほしい
5	見ていて自然に頭に入ってくるような通訳をしてほしい
6	必要な語句を省略しないでほしい
7	その場で何が話されているのかリアルタイムに伝えてほしい
8	講演者が日本語として何といったのかをきちんと伝えてほしい
9	通訳者が情報を選ぶのではなく原文に忠実に訳してほしい
10	1つひとつの表現をはっきりとあらわしてほしい

出典：白澤麻弓『日本語―手話同時通訳の評価に関する研究』風間書房、2006年、150ページ

３ 手話通訳士倫理綱領は人権施策の担い手の綱領

　これまで述べてきた手話通訳・手話通訳士をめぐる考え方は、手話通訳士倫理綱領として結実しています。

(1) 倫理綱領

　手話通訳士倫理綱領を読むとそのことが理解できます。前文には、「聴覚障害者の社会参加を拒む障壁が解消され、聴覚障害者の社会への完全参加と平等が実現されることを願っている」と手話通訳士の労働目的が示され7つの遵守事項が示されています。手話通訳士のあり方、とりわけ社会発展の担い手として位置づけていることがよくわかります。

手話通訳士倫理綱領

平成9年5月4日　一般社団法人日本手話通訳士協会

　私たち手話通訳士は、聴覚障害者の社会参加を拒む障壁が解消され、聴覚障害者の社会への完全参加と平等が実現されることを願っている。このことは私たちを含めたすべての人々の自己実現につながるものである。

　私たち手話通訳士は、以上の認識にたって、社会的に正当に評価されるべき専門職として、互いに共同し、広く社会の人々と共同する立場から、ここに倫理綱領を定める。

1. 手話通訳士は、すべての人々の基本的人権を尊重し、これを擁護する。
2. 手話通訳士は、専門的な技術と知識を駆使して、聴覚障害者が社会のあらゆる場面で主体的に参加できるように努める。
3. 手話通訳士は、良好な状態で業務が行えることを求め、所属する機関や団体の責任者に本綱領の遵守と理解を促し、業務の改善・向上に努める。
4. 手話通訳士は、職務上知りえた聴覚障害者及び関係者についての情報を、その意に反して第三者に提供しない。
5. 手話通訳士は、その技術と知識の向上に努める。
6. 手話通訳士は、自らの技術が人権の侵害や反社会的な目的に利用される結果とならないよう、常に検証する。
7. 手話通訳士は、手話通訳制度の充実・発展及び手話通訳士養成について、その研究・実践に積極的に参加する。

(2) 倫理綱領に基づく手話通訳実践に必要な力

　倫理綱領が生きた手話通訳実践に必要な力を2つ紹介します。

① 手話通訳者の主な役割や機能・内容

　江原こう平は、『手話通訳者養成のための講義テキスト改訂版』（社会福祉法人全国手話研修センター、2020年）の12ページで、「手話通訳者は個別の依頼に応じた通訳業務だけでなく、対象者や場面、手話通訳者の所属や立場によって発揮する機能や方法はさまざまです」と述べ、その内容を次の表にまとめています。

表1　手話通訳者の主な役割や機能・内容

主な役割	機能や内容
①言語翻訳・表現	・言語翻訳機能 日本語と手話の通訳（狭義）をする 言語伝達支援
②コミュニケーション	・コミュニケーション仲介機能 円滑なコミュニケーションができるための仲介をする 人と人とのつながりの支援 情報提供、環境整備
③生活問題の支援と援助	・社会福祉援助機能 支援者や支援機関と協働して生きることを支援・援助をする 意思形成・意思決定・意思表出支援 代理説明・代弁
④社会運動	・社会変革機能 手話通訳者集団や手話サークルなどの活動 聴覚障害者運動と連携した運動をする 社会への働きかけ、法・政策・事業提言や改善

出典：『手話通訳者養成のための講義テキスト改訂版』社会福祉法人全国手話研修センター、2020年、13ページ

② 通訳者に求められる6つの資質

　表2の左側の6つの資質は、水野真木子のまとめ（水野真木子『コミュニティ通訳入門』大阪教育図書、2008年）で、右側は林智樹が手話通訳に置き換えたものです。

表2　通訳者に求められる6つの資質

6つの資質（水野）	手話通訳者に置き換えると（林）
高い語学力	手話と日本語について高い理解と運用能力
優れた通訳スキル	手話―日本語の翻訳技術・表現技術と実践技術、仕事をよりよく進める技術
知識と教養	通訳内容や場面に関する知識と教養
異文化に対する正しい認識	聴覚障害や聴覚障害者、手話に対する正しい認識
倫理に対する理解と遵守	専門職である手話通訳者としての倫理の理解と遵守
精神のバランスと人生経験	自己覚知とリスクマネジメントによる危機の回避

出典：『手話通訳者養成のための講義テキスト改訂版』社会福祉法人全国手話研修センター、2020年、68ページ

③ 手話通訳の担い手と倫理綱領

　「手話通訳士倫理綱領は誰のもの？」かについて、『新・手話通訳士倫理綱領をみんなのものに』（一般社団法人日本手話通訳士協会、2010 年）の 12 ページに、「手話通訳士も含めたさまざまな形の多くの手話通訳者が担っている現実があります。すなわち、手話通訳士かどうかに関係なく手話通訳を担っている以上、手話通訳者および手話奉仕員もそれぞれの立場に応じて、聴覚障害者の人権や主体性の尊重は求められるわけですから、当然、専門性は否応なく問われることになります。

図2　手話通訳の担い手の概況

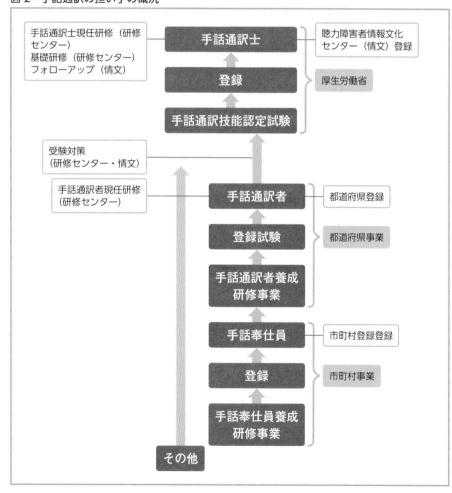

以上のことから考えますと、私たちが本来策定すべきなのは手話通訳士だけを対象とした倫理綱領ではなく、手話通訳者や手話奉仕員も含めた「手話通訳者の倫理綱領」ではないでしょうか。」と結んでいます。倫理綱領は手話通訳の担い手すべての人のものであると述べているのです。

　手話通訳の担い手が、順次高い技能を身につけていく道筋とそれに伴う資格取得の流れを示したのが**図2**です。

❹ 手話通訳士の活躍

　今後、行政機関への配置や電話リレーサービスをはじめ、手話通訳士は様々な分野で活躍することが期待されています。

　背景には、手話言語の理解の広がりがあります。国際的な潮流やろう運動の高まりを踏まえ、障害者権利条約、障害者基本法等「法」に手話言語を言語として位置づけたことは大変大きな転換でした。

　「手話言語で自由に暮らせる社会」に向けて、さらに発展させるために一般財団法人全日本ろうあ連盟は、手話言語法制定運動の取り組みを進めています。現在は、福祉分野中心の事業ですが、今後は様々な分野に広がり手話通訳需要は大変大きなものとなることが想定されています。

(1) 高まりをみせる手話言語の認知

　手話言語の認知は、手話通訳要求の基盤となるものです。今後さまざまな生活領域に手話通訳が必要となることが想定されています。手話通訳ニーズの増大につながると期待されている事柄を紹介します。

　2020（令和2）年には、急増した政府や首長の記者会見での手話通訳、2021（令和3）年には電話リレーサービスの開始、地方自治体が手話言語を言語として認知し、行政サービスのバリアフリーを目的とする手話言語条例の制定による手話通訳技能を有する者の採用など手話通訳技能

を有する人たちを必要とする場面が広がっています。

　これら一連の動きは、一般財団法人全日本ろうあ連盟中心に進められている「言語には、音声言語と手話言語がある」ことが常識となり、手話言語も音声言語と同様に自由に使える社会を目指す取り組みが根底にあります。

　一般財団法人全日本ろうあ連盟が発行したパンフレット「手話言語法の制定へ！　手話言語でGo3！」から紹介します。

　手話言語法制定の取り組みは、2つの目標を掲げています。

①「言語には「音声言語」と「手話言語」があることの理解を広める。」
②「手話言語を普及させ、きこえない・きこえにくい人が、きこえる人と共に生きる社会をめざす。」

　そして、2つの目標を達成するために必要な5つの権利を示しています。

1.　手話言語の獲得
　　手話言語を"身に付ける機会"を保障する
2.　手話言語で学ぶ
　　ろう者の"学習権"を保障する
3.　手話言語を習得する
　　手話言語を"教科"として学ぶ
4.　手話言語を使う
　　手話言語を"誰でも気軽に使える社会"にする
　　●手話言語が、音声言語と対等に使える制度と環境をつくる
　　●手話言語の通訳者を早急に増やす
　　●ろう者の社会参加を支援するため、手話言語通訳制度を拡充させる
　　●手話言語によって、命を守り、情報を保障する

5. 手話言語を守る

手話言語の語いを増やす、保存する、研究する

　手話言語法の制定運動は、2013（平成 25）年度より全国の地方議会から「手話言語法制定を求める意見書」を国に提出する取り組みを始め、2016（平成 28）年 3 月 3 日に全都道府県・市町村の 1,741 議会で意見書が採択されています。地方議会の採択率が 100％となった画期的な出来事でした。

　手話言語法制定運動は、各地での手話言語条例制定へと高まりを見せ、2020（令和 2）年 12 月 28 日現在 373（21％）自治体（29 道府県（61％）／ 14 区（61％）／ 272 市（34％）／ 56 町（8％）／ 2 村（1％））が条例を制定しています。

　また、2016（平成 28）年 6 月に 250 市区長でスタートした「全国手話言語市区長会」は 604 市区長（2020（令和 2）年 12 月 19 日現在）が加入しています。「全国に「手話言語条例」「情報コミュニケーション条

表3　手話言語法制定運動の歩み

2010 年	手話言語法制定研究会発足（10 月）
2012 年	日本手話言語法案公表
2013 年	手話言語法制定を求める意見書採択運動始まる 鳥取県で全国初の手話言語条例が成立 石狩市が市レベルで全国初の手話言語条例を可決
2014 年	都道府県条例モデル案と市町村条例モデル案を公表
2015 年	手話言語法を求める全国集会（夏の陣・冬の陣）東京開催 韓国手話言語法成立
2016 年	手話言語法制定を求める意見書：地方議会で採択 100％達成 「全国手話言語市区長会」設立 「手話を広める知事の会」設立
2017 年	手話を広める知事の会・全都道府県が入会 手話言語の国際デー 国連総会で承認（12 月）
2018 年	「日本手話言語法」修正案公表 手話言語の国際デー イベント開催（9 月 23 日）
2019 年	手話言語条例制定　合計 297 自治体（12 月 24 日現在）

出典：一般財団法人全日本ろうあ連盟「手話言語法の制定へ！　手話言語で Go3 ！」

例」「障害者差別解消条例」の制定を拡充し、国に「手話言語法」「情報コミュニケーション法」制定を求め、法整備を進めることにより、聴覚障害者の自立と社会参加の実現をめざすとともに、各自治体における手話等に関する施策展開の情報交換等を行う」ことを目的に活動を展開しています。そして、2016（平成28）年7月21日設立された「手話を広める知事の会」は、2017年10月13日福岡県が入会し、全47都道府県が加盟し、手話言語法制定に向けた活動を展開しています。

全国手話言語市区長会加盟自治体そして、条例が制定された自治体の

図3　手話関連施策の実施状況

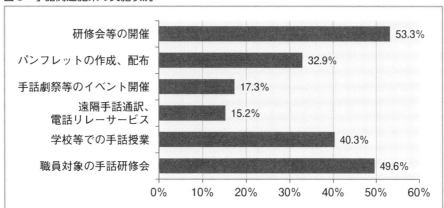

出典：「令和2年度手話関連施策アンケート施策一覧」、全国手話言語市区長会、2ページ

図4　手話通訳者の雇用状況

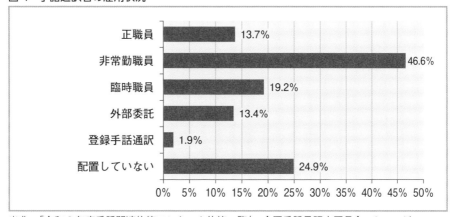

出典：「令和2年度手話関連施策アンケート施策一覧」、全国手話言語市区長会、2ページ

施策を見ると、手話言語の市民への普及啓発や、手話通訳制度の充実、手話言語を守る事業などに対して予算化がされています。

また、手話通訳者の雇用状況をみると非常勤職員が半数近くを占めていますが、今後言語的バリアフリーの進展とともに改善されていくものと思われます。

自治体施策は、先に触れた「あらゆる公共機関に手話通訳を」の延長線上にあり、息の長いろう運動の到達点といえます。

(2) 手話通訳士の現状

「手話通訳士実態調査報告書」（社会福祉法人聴力障害者情報文化センター手話通訳士実態調査事業委員会 2019（令和元）年 12 月）から手話通訳士の現状を見てみましょう。

① 性別

2009（平成 21）年から 2019（令和元）年の変化は、男性の占める割合が減っていることです（**図 5**）。

同性の通訳を求める声にどう応えるかが問われる状況であり、職業的地位にかかわる課題が見えています。

図 5　性別の推移

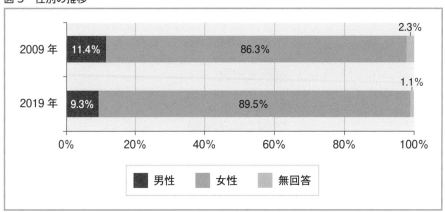

出典:社会福祉法人聴力障害者情報文化センター手話通訳士実態調査事業委員会　平成 22（2010）年「手話通訳士実態調査報告書」3 ページ及び令和元（2019）年「手話通訳士実態調査報告書」6 ページ掲載データを参照し作成

② 職業

　図6は手話通訳士の職業を調べたものです。41％が専業主婦（22％）、パート・アルバイト（13％）、無職（6％）と働いていないか非正規雇用となっています。一方で、正職員等安定した職についている者は、団体職員（正規・10％）、会社員（正社員・9％）、自営業・自由業（7％）、公務員（正規・6％）、会社役員・経営者（1％）で33％となっています。

図6　職業

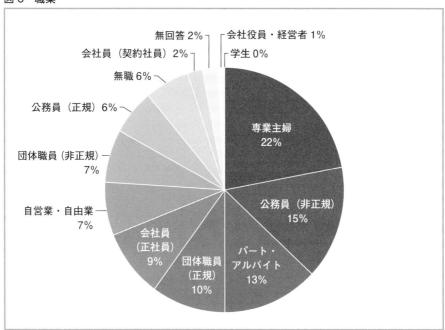

出典：社会福祉法人聴力障害者情報文化センター手話通訳士実態調査事業委員会　令和元（2019）年「手話通訳士実態調査報告書」11ページ

③ 職種

　図7は職種を見たものです。手話通訳が、2009（平成21）年（30％）の調査より2019（令和元）年が9ポイント増加して39％になっていることは1つの特徴といえます。

図 7　手話通訳士の職種

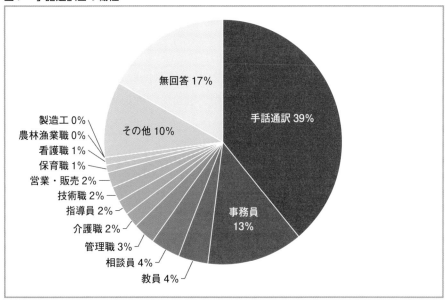

出典：社会福祉法人聴力障害者情報文化センター手話通訳士実態調査事業委員会　令和元（2019）年「手話通訳士実態調査報告書」12 ページ

④ 資格を活かした職業への就労

　図 8 は手話通訳士資格を活かした職業への就労を聞いたものです。2009（平成 21）年に比べて 2019（令和元）年は、資格を活かした職業に就いているが 2 ポイント増加しています。

図 8　手話通訳士資格を活かした職業への就労

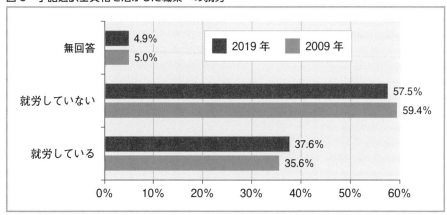

出典：社会福祉法人聴力障害者情報文化センター手話通訳士実態調査事業委員会　令和元（2019）年「手話通訳士実態調査報告書」15 ページ掲載データを参照し作成

⑤ 手話通訳派遣事業の登録

　8割強が手話通訳派遣事業に登録しています。**図9**は就労先別に見た登録状況です。一般企業などが低くなっていることは、今後の手話通訳派遣制度の課題といえます。

図9　就労先別に見た手話通訳派遣事業への登録

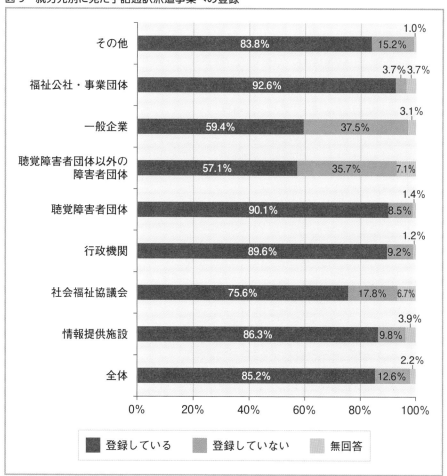

出典：社会福祉法人聴力障害者情報文化センター手話通訳士実態調査事業委員会　令和元（2019）年「手話通訳士実態調査報告書」17ページ掲載データを参照し作成

⑥ 手話通訳士資格を取得しての具体的な感想（複数回答）

　図10は資格取得しての感想です。多くはプラス評価ですが、何も変わらないが15.4%です。これも1つの現実です。

図10　手話通訳資格を取得しての具体的な感想（複数回答）

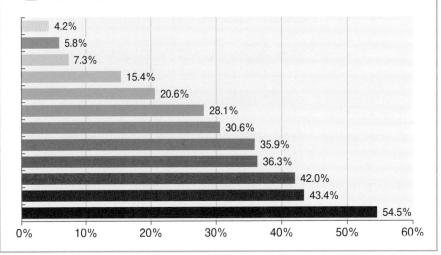

出典：社会福祉法人聴力障害者情報文化センター手話通訳士実態調査事業委員会　令和元（2019）年「手話通訳士実態調査報告書」21ページ掲載データを参照し作成

(3) 不足する手話通訳士

① 手話通訳士 1 人が抱える人口

　手話通訳を必要とする人は、ろう者だけでなく聞こえる人もろう者同様必要となります。この数からみると、今後手話言語理解の進展がさらに手話通訳需要を大きくすることになります。手話通訳士を求める声がさらに大きくなることが想定され、多くの方が受験し、たくさんの手話通訳士を輩出することが社会的に求められていることを示しています。

　しかし、現状を見ると、手話通訳士が不足しています。手話通訳士 1 人が対象とする人口を都道府県別にみたのが次の**図 11** です。全国平均では、約 3 万 2,300 人を 1 人の手話通訳士が担っています。

② 手話通訳士の年齢構成の推移

　図 12 が示しているように 60 歳以降の手話通訳士が 11.4％から 39.7％と 3.5 倍に増え、20 歳代、30 歳代、40 歳代が 50.1％から 24.0％に半減していることに特徴があります。

　超高齢社会の姿を手話通訳士も示しているといえないことはないですが、職業として考えると異常な現象といえます。稼働年齢層で支えているべき仕組みが維持できない理由は、職業として確立していないことを示しています。

　先に示しているように手話通訳需要の広がりから職業としての確立が期待されています。

図11　手話通訳士1人が抱える人口

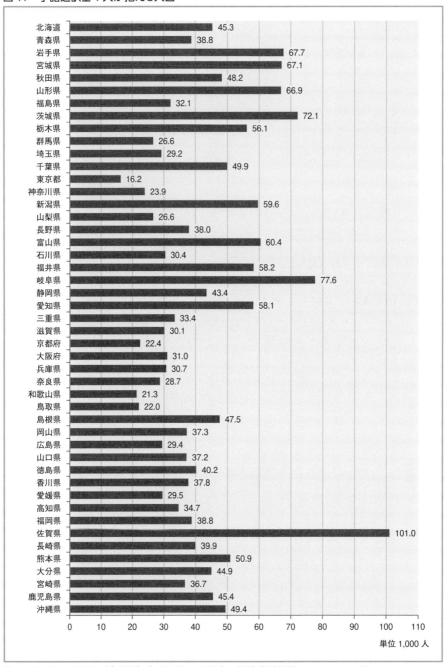

都道府県	値
北海道	45.3
青森県	38.8
岩手県	67.7
宮城県	67.1
秋田県	48.2
山形県	66.9
福島県	32.1
茨城県	72.1
栃木県	56.1
群馬県	26.6
埼玉県	29.2
千葉県	49.9
東京都	16.2
神奈川県	23.9
新潟県	59.6
山梨県	26.6
長野県	38.0
富山県	60.4
石川県	30.4
福井県	58.2
岐阜県	77.6
静岡県	43.4
愛知県	58.1
三重県	33.4
滋賀県	30.1
京都府	22.4
大阪府	31.0
兵庫県	30.7
奈良県	28.7
和歌山県	21.3
鳥取県	22.0
島根県	47.5
岡山県	37.3
広島県	29.4
山口県	37.2
徳島県	40.2
香川県	37.8
愛媛県	29.5
高知県	34.7
福岡県	38.8
佐賀県	101.0
長崎県	39.9
熊本県	50.9
大分県	44.9
宮崎県	36.7
鹿児島県	45.4
沖縄県	49.4

単位 1,000 人

注1：人口は、2019（令和元）年10月1日現在　総務省統計局のホームページより
注2：手話通訳士数は社会福祉法人聴力障害者情報文化センター Web サイト（2020 年 10 月
31 日更新）より

図12　手話通訳士の年齢構成

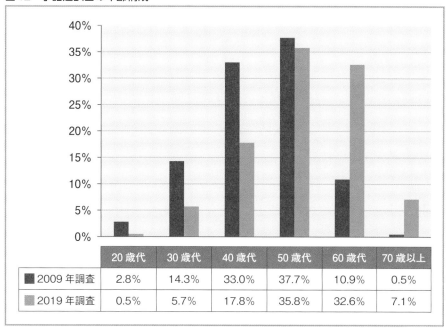

	20 歳代	30 歳代	40 歳代	50 歳代	60 歳代	70 歳以上
■2009 年調査	2.8%	14.3%	33.0%	37.7%	10.9%	0.5%
■2019 年調査	0.5%	5.7%	17.8%	35.8%	32.6%	7.1%

出典：社会福祉法人聴力障害者情報文化センター手話通訳士実態調査事業委員会　令和元（2019）年「手話通訳士実態調査報告書」6, 7 ページ掲載データを参照し作成

第2節 手話通訳士試験（実技）の概要

ここでは手話通訳士試験の変遷や受験者の概要を掴み、手話通訳士試験の姿を学びます。

手話通訳士試験は、身体障害者福祉法第45条「この法律に特別の規定があるものを除くほか、この法律の実施のための手続その他その執行について必要な細則は、厚生労働省令で定める。」の規定に基づき、「手話通訳を行う者の知識及び技能の審査・証明事業の認定に関する省令」（平成21年3月31日厚生労働省令第96号）により行われています。

現在、この省令の第2条により社会福祉法人聴力障害者情報文化センターが、試験機関としての認定を受け手話通訳士試験を実施しています。手話通訳士として称するためには、手話通訳士試験に合格し、社会福祉法人聴力障害者情報文化センターに登録することが必要です。

1 手話通訳士試験の状況

試験方法や出題基準など、試験概要に入る前に手話通訳士試験の状況を理解しておきましょう。

社会福祉法人聴力障害者情報文化センターのホームページによると、手話通訳士試験開始以降第31回試験までの平均合格率は約15%です。図14の受験回数と併せて考えるとかなりハードルの高い試験だと思われた方が多いと思います。この試験は技能認定試験なので社会福祉士など国家資格が入り口の資格となっているのとは違い、実践力を問う性格によるものだと思われます。

しかし、ハードルが高くても、日々の実践を踏まえ、しっかりとした受験対策に取り組むことでハードルを下げることができるはずです。

(1) 手話通訳士試験の概況

① 合格率の推移

過去、受験者がもっとも多かったのは、2003（平成15）年度第15回

図13 受験者の概要

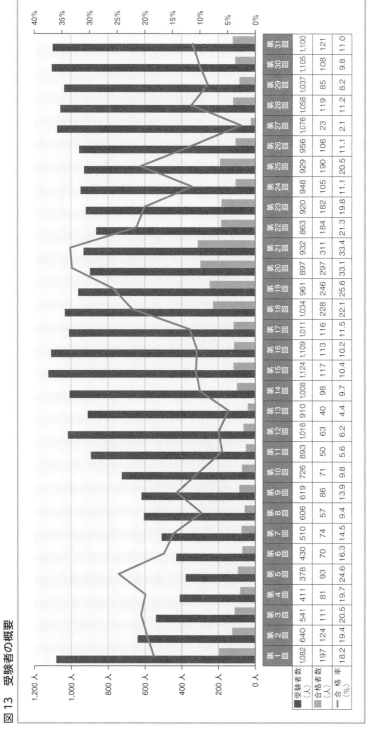

	第1回	第2回	第3回	第4回	第5回	第6回	第7回	第8回	第9回	第10回	第11回	第12回	第13回	第14回	第15回	第16回	第17回	第18回	第19回	第20回	第21回	第22回	第23回	第24回	第25回	第26回	第27回	第28回	第29回	第30回	第31回
受験者数(人)	1,082	640	541	411	378	430	510	606	619	726	893	1,018	910	1,008	1,124	1,109	1,011	1,034	961	897	932	863	920	948	929	956	1,076	1,058	1,037	1,105	1,100
合格者数(人)	197	124	111	81	93	70	74	57	86	71	50	63	40	98	117	113	116	228	246	297	311	184	182	105	190	106	23	119	85	108	121
合格率(%)	18.2	19.4	20.5	19.7	24.6	16.3	14.5	9.4	13.9	9.8	5.6	6.2	4.4	9.7	10.4	10.2	11.5	22.1	25.6	33.1	33.4	21.3	19.8	11.1	20.5	11.1	2.1	11.2	8.2	9.8	11.0

出典：社会福祉法人聴力障害者情報文化センターWebサイト（2020年10月31日更新）掲載データを参照し作成

試験の 1,124 人で、117 人が合格しています。合格率は 10.4% でした。もっとも合格率が低かったのは、2015（平成 27）年度第 27 回試験の 2.1% で、もっとも合格率が高かったのは、2009（平成 21）年度第 21 回試験で 33.4% でした（**図 13**）。

　国際的な動きとして、2001（平成 13）年にメキシコが提案したいわゆる「障害者権利条約」が 2006（平成 18）年国連総会で採択されました。国内的には、障害者自立支援法が制定された 2005（平成 17）年と障害者をめぐる社会的な動きが大変大きかったことが要因となっていたかどうか定かではありませんが、平均合格率約 15% から見ると、2006（平成 18）年度の第 18 回から 2011（平成 23）年度の第 23 回までの 6 年間の合格率が高かったことは特徴的です。

図 14　受験回数

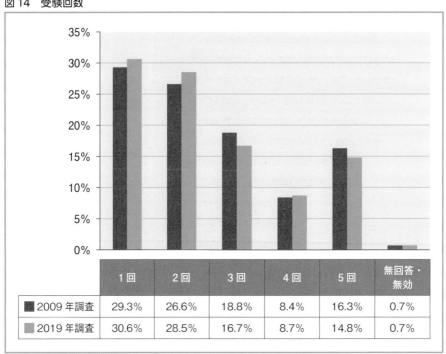

	1回	2回	3回	4回	5回	無回答・無効
■ 2009 年調査	29.3%	26.6%	18.8%	8.4%	16.3%	0.7%
■ 2019 年調査	30.6%	28.5%	16.7%	8.7%	14.8%	0.7%

出典：社会福祉法人聴力障害者情報文化センター手話通訳士実態調査事業委員会　令和元（2019）年「手話通訳士実態調査報告書」9 ページ掲載データを参照し作成

② 受験回数

2019（令和元）年の手話通訳技能認定試験の受験回数をみると、平均は2.7回（中央値2.0回、最大値20.0回）でした。より詳しくみると、1回が30.6％、2回が28.5％、3回が16.7％、5回以上が14.8％と続いています。グラフにあるように、2009（平成21）年の調査とほとんど変化は見られません（**図14**）。

③ 受験回数別にみた合格までの手話・手話通訳学習年数

まず、手話通訳士試験合格までの手話・手話通訳学習年数の2009（平成21）年と2019（令和元）年の違いを見てみます（**図15**）。特徴的なことは、5年未満の合格者が増えていることです。学習年数が短くても合格できることを示しています。

図15　合格までの手話・手話通訳学習年数　2009年と2019年比較

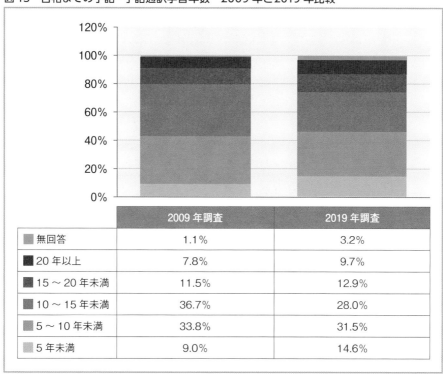

	2009年調査	2019年調査
■ 無回答	1.1％	3.2％
■ 20年以上	7.8％	9.7％
■ 15～20年未満	11.5％	12.9％
■ 10～15年未満	36.7％	28.0％
■ 5～10年未満	33.8％	31.5％
■ 5年未満	9.0％	14.6％

出典：社会福祉法人聴力障害者情報文化センター手話通訳士実態調査事業委員会　令和元（2019）年「手話通訳士実態調査報告書」9, 10ページ掲載データを参照し作成

次に、受験回数別に見た手話通訳士試験に合格するまでの手話・手話通訳学習年数を 2019（令和元）年調査から見てみます（**図 16**）。

特徴的なことは 5 年〜 15 年未満では、受験回数が均等にばらけていますが、5 年未満では受験回数の多いところが少ないことです。いずれにしても受験回数の多さは、手話通訳士養成のカリキュラムがないこと、受験対策が不十分であることを示していると考えられます。

図 16 受験回数別合格までの手話・手話通訳学習年数 2019

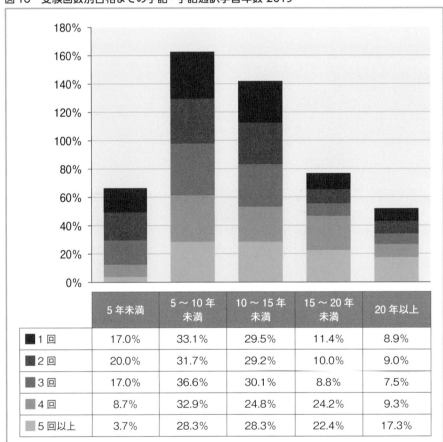

	5 年未満	5 〜 10 年未満	10 〜 15 年未満	15 〜 20 年未満	20 年以上
■ 1 回	17.0%	33.1%	29.5%	11.4%	8.9%
■ 2 回	20.0%	31.7%	29.2%	10.0%	9.0%
■ 3 回	17.0%	36.6%	30.1%	8.8%	7.5%
■ 4 回	8.7%	32.9%	24.8%	24.2%	9.3%
■ 5 回以上	3.7%	28.3%	28.3%	22.4%	17.3%

出典：社会福祉法人聴力障害者情報文化センター手話通訳士実態調査事業委員会　令和元（2019）年「手話通訳士実態調査報告書」10 ページ掲載データを参照し作成

② 手話通訳士登録までの流れと「受験の手引」

　試験案内から試験そして手話通訳士の登録までの流れについての理解と、受験案内の記載事項について把握しておくことが必要です。

(1) 手話通訳士登録までの流れ

　新型コロナウイルスの感染状況によって実施方法が変わったりしています。「連続方式」と「分離方式」の2つの方法がありますので、次のように手話通訳士試験の流れを作成しました（**図17**）。

図17　手話通訳士登録までの流れ

連続方式 2020(令和2)年度「受験の手引」より	必要なこと	分離方式 2021（令和3）年度試験案内より
試験案内	日程、手続等の詳細が示される。	1月 試験案内
4月 受験の手引き・受験申込書公表	受験の手引き・受験申込書のダウンロード又は受領等	3月 受験の手引き・受験申込書公表
5月・6月 受験申込	受験に必要な書類を簡易書留郵便で聴力障害者情報文化センターに送り、受験手数料を振り込む	4月 受験申込
8月	受験票が届く	5月
		5月 学科試験
	学科試験合格発表 （受験者全員に通知） 合格者には実技試験受験票が届く	7月
9月 学科試験実技試験が連続して行われる		9月 実技試験
1月 合格発表（受験者全員に通知） 合格者には手話通訳士登録の手引きが届く		1月 実技試験合格発表 （受験者全員に通知） 合格者には手話通訳士登録の手引きが届く
手話通訳士を名乗るには手話通訳士登録手続きが必要です。		

なお、**図17**は2021（令和3）年1月時点で作成しています。最新情報、試験に関する問い合わせ、手続きに関する書類の要求先や提出先は社会福祉法人聴力障害者情報文化センターになりますのであらかじめホームページ等を参照してください。

(2)「受験の手引」に掲載されている主な事項

　第32回2020（令和2）年度「受験の手引」に掲載されている事項の一部を紹介します。

・受験申込受付期間　　・受験票の発送日の予定　・試験日
・合格発表日　　　　　・開催日時、試験会場　　・受験資格
・受験方法　　　　　　・試験方法　　　　　　　・学科試験の免除
・試験科目及び出題数　・出題基準等

　これらの他、受験申し込み手続きの詳細、申し込み後の注意事項、試験結果の発表などが示されています。また、受験と合格後の手続きに関することと試験で求められていることが記載されているので、しっかり読みこなして漏れのないようにしっかり準備しておきましょう。

❸ 実技試験の出題基準等

　第32回2020（令和2）年度の手話通訳士試験は、新型コロナウイルスの影響で中止となりました。2021（令和3）年度の手話通訳士試験は、回数をスライドさせ第32回として行われます。また、新型コロナウイルス対策として、学科試験と実技試験を別日程で行う「分離方式」を取り入れることが発表されています。

(1) 直近の試験方法等の改定

　2006（平成18）年度からは、社会福祉法人聴力障害者情報文化センターのホームページ、2005（平成17）年「手話通訳士試験実施方法等に関する検討委員会における検討結果（報告）」にあるように、実技試

験の試験方法、試験方式が次のように改訂されました。

①学科（一次）試験として行っていた「手話の基礎知識」を、連続方式
　とすることで実技試験に統合する。
②実技（二次）試験の「読取り（筆記）試験」を廃止し、「読取り（口
　頭）試験」のみとする。

　そして、2007（平成19）年度からは、次のように実施されることと
なりました。

①学科（一次）試験と実技（二次）試験の試験日を別日程で行う分離方
　式から学科（一次）試験と実技（二次）試験を連続して実施する連続
　方式とする。

(2) 出題基準等

　では、第32回2021（令和3）年度「受験の手引」の出題基準を引用
し、試験に臨むにあたって基本的な事項を把握します。
　「受験の手引」の「Ⅱ出題基準等」の「2実技試験」の冒頭に「問題
を提示し、手話を日本語音声に、日本語音声を手話に通訳させ、手話通
訳者としての知識、技能及び資質を評価する。」（5ページ）とあります。
　読取り通訳試験であれば、ろう者の手話言語による語りを聞こえる人
に音声言語で伝えます。社会福祉法人聴力障害者情報文化センターが公
表している第31回試験問題（要約文）には、場面と内容が記載された
後、手話言語での語りの要約文が載っています。試験当日も語りに入る
前に場面と内容がアナウンスされます。
　聞取り通訳試験でも同様に「通訳場面の説明」がアナウンスされま
す。第31回「聞取り通訳試験」問題で公表されている第1問には次の
ように書かれています。

〔通訳場面の説明〕県庁の広報課記者会見。案内表示に関する検討会議の報告をする福祉部長の隣に手話通訳者が立ちます。

　ここには、読取り通訳試験同様に通訳場面と内容が示されています。通訳場面と内容を知ったうえで試験に臨むことは、次章の手話通訳におけるメッセージの伝達の「メッセージの理解」に相当するもので、大いに助けになります。

　では実技試験の科目別に出題基準を見てみましょう。

① 読取り通訳（手話による出題を音声で解答）

　試験問題は、あらかじめ録画した手話表現による試験問題を再生して、モニター画面に提示されます。受験者は、その手話を見ながら、日本語音声で同時通訳します。

　出題基準は以下の通りです。

ア　出題内容

　前置きとして、講演、相談、医療、文化活動等についての内容に関するものとありますが、試験問題の内容を理解する手掛かりとなる分野を例示しているものと理解する必要があります。そして、出題が２分程度の問題が２問出されます。

イ　試験方法

　受験者は、試験室内の椅子に着席し、モニター画面に映し出される手話をマイクに向かって（手話を解さない日本語話者を想定して）音声で同時通訳します。この音声を収録して採点評価することになっています。

ウ　採点評価

　採点評価は「正確さ」と「表現能力」の２つの柱で構成されていま

す。第3節で詳しく解説します。

② 聞取り通訳（音声による出題を手話で解答）

　試験問題は、あらかじめ録音した日本語音声による試験問題をCD等で再生して提示されます。受験者は、この日本語音声を聞きながら、手話で同時通訳します。

　出題基準は以下の通りです。

ア　出題内容

　前置きとして、講演、相談、医療、文化活動等についての内容に関するもので、とありますが、試験問題の内容を理解する手掛かりとなる分野を例示していると理解する必要があります。そして、出題が2分程度の問題が2問出されるとされています。

イ　試験方法

　受験者は、聞こえてくる試験問題の内容をビデオカメラに向かって（聴覚に障害のある手話話者を想定して）手話で同時通訳します。その手話を収録し、採点評価することになっています。

ウ　採点評価

　採点評価は「正確さ」と「技能」の2つの柱で構成されています。第3節で詳しく解説します。

　実技試験の方法、実技試験で求められている内容の理解はできたでしょうか。この理解が、試験場面をイメージし、受験までに、合格する力を身につける目安になります。

手話通訳士試験に向けて

1 自分自身のつまづきに気づく

　この節では、自分自身のつまづきに気づき、つまづきに応じたトレーニング方法のおさらい、そして出題基準についての理解をさらに深めます。

　手話通訳士のあり方は、第3章を読むと、通訳対象者に対する見方やかかわり方、社会観、人権感覚など手話通訳士を目指す人の専門性そのものが問われていることが理解できると思います。

　故・林智樹（元金城大学教授・元日本手話通訳士協会副会長）は、『手話通訳を学ぶ人の「手話通訳学」入門改訂版』（クリエイツかもがわ、2017年）の52ページで伊東儁祐（全国手話通訳問題研究会初代運営委員長）の、「手話通訳の全体像」を引用しています。手話通訳の方法や技術、求められる知識が多岐にわたっていることが見て取れます。

　幅広い技能が求められる手話通訳ですが、一定の時間と用意可能な環境のもとで行われる手話通訳士試験で求めていることは、伊東の「手話通訳の全体像」の「表現」に特化したものになっています（図18）。

　当然、実技試験以外に学科試験でその技能をはかるものもありますが、受験対策（実技）では、一定の制約の中で行われることを踏まえ、表現に意識を置いて学ぶことが必要になります。

　また、前出の『手話通訳を学ぶ人の「手話通訳学」入門改訂版』では、2つの手話通訳モデルを紹介していますが、手話通訳士試験は図20のコミュニケーションの参加者としての手話通訳モデルではなく、図19のコミュニケーションモデルで、その技能をはかっているといえます。

　繰り返しになりますが、実技試験のやり方は一定の制約から、表現されたものでしか採点評価が困難なことから手話通訳の全体像の内「表現」に絞られます。

図18　手話通訳者の全体像

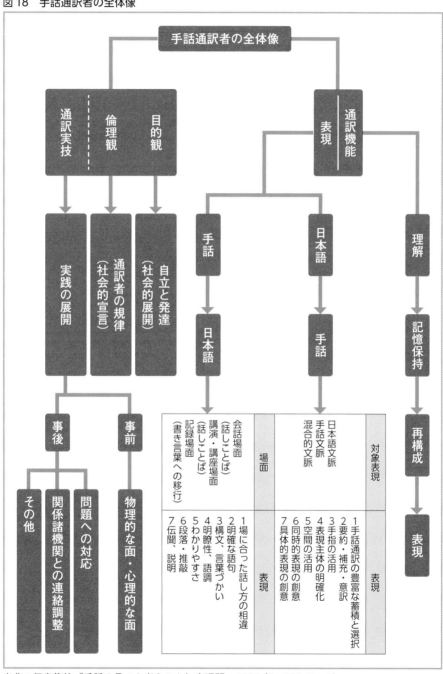

出典：伊東雋祐『手話の見かた考えかた』文理閣、1999年、223ページ

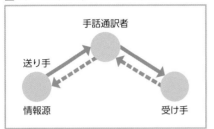

図19　コミュニケーションモデル

出典：斉藤美津子「第5章手話通訳のあり方2 通訳論」小川仁監、神田和幸編『手話通訳の基礎』第一法規、1991年、275ページ

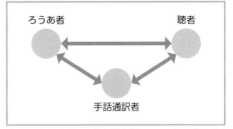

図20　コミュニケーション参加者としての手話通訳モデル

出典：市川恵美子『手話通訳のあり方・動き方』一般社団法人全国手話通訳問題研究会東京支部、2000年、40-43ページ

図21　講演会等の手話通訳表現（一方通行型）

ろう者が講師の場合（手話言語による講演）	聞こえる人が講師の場合（音声言語による講演）
表現 手話言語→音声言語	表現 音声言語→手話言語

　そして読取り、聞取りが入れ替わりながら通訳しつつ、手話通訳者もコミュニケーションの一員として位置づける**図20**コミュニケーション参加者としての手話通訳モデルの「三点型」ではなく、**図19**のコミュニケーションモデルで、**図21**のように講演会等の手話通訳表現「一方通行型」で行っています。

　さらに、読取り通訳と聞き取り通訳を分離させ、別テーマで行う方法を採用しています。この試験方法を念頭に合格するために必要な学習は、（ⅰ）自分自身のつまづき、（ⅱ）つまづいているところに応じた学習方法を知り、学びを深め、出題基準で求めている力を身につけることが有効です。

　（ⅰ）つまづきを知るには、すでに学習してきたものですが、**図22**「手話通訳におけるメッセージの伝達」で確認してみましょう。

　図22「手話通訳におけるメッセージの伝達」から、メッセージの受容の段階でつまづいているのか、メッセージの理解でつまづいているのか、再構成でつまづいているのかを知り、それに応じたトレーニングが

図22　手話通訳におけるメッセージの伝達

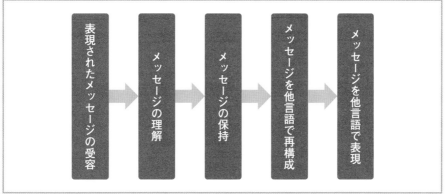

表現されたメッセージの受容　→　メッセージの理解　→　メッセージの保持　→　メッセージを他言語で再構成　→　メッセージを他言語で表現

出典：『手話通訳者養成のための講義テキスト改訂版』社会福祉法人全国手話研修センター、2020年、47ページ

必要になります。

　トレーニングについては、「4. 受験対策におけるトレーニング方法のおさらい」（55ページ）のところで学びます。

　難関な試験といわれていますが、自分自身の課題を踏まえた受験対策にしっかり取り組むことで表現能力の向上が期待できます。

② 過去問題の分析

　限られた時間で効率的に学びたいと考えることは普通のことです。学科試験であれば、『六訂手話通訳技能認定試験傾向と対策』（中央法規出版、2019年）や手話通訳試験が行われるたびに発行している『手話通訳技能認定試験（手話通訳士試験）模範解答集』（一般社団法人日本手話通訳士協会）などで過去問や類似問題等を繰り返し学び、「何を聞きたいのか」を探りながら「何が問われているか」にたどり着くように学習を進めることができます。

　しかし、実技試験は「手話通訳士試験実施検討委員会報告書」（平成11年3月、社会福祉法人聴力障害者情報文化センター）26ページで触れているように「通訳の技能という側面において、コミュニケーション場面を特定することは難しい」と整理しています。

試験は音声言語、手話言語で表現される内容が問われるものなので、過去問が手話言語で表現されている映像や、音声言語で表現されている問題すべてが公表され、はじめて学習できるものですが、残念ながら読取り通訳試験の問題は活字での要約文で、聞取り通訳試験は、活字での問題の提示となっています。

　手話通訳は、手話言語で語られている映像、音声言語で語られている声を聞きながら通訳するものなので、現在公表されている試験問題から「問われているもの」を把握し、的確に表現するための学習を考えると、制限があると言わざるを得ませんが、身の回りにある様々な教材を活かして学ぶことが最善の方法です。

　実技試験の教材は、本書の姉妹版として発行している『DVD 手話通訳士試験合格への道－評価項目に準拠した通訳学習のポイント－』（中央法規出版、2020 年）や『DVD 読み取ってみよう＆表現してみよう』（一般社団法人日本手話通訳士協会、2019 年）をはじめ、多くの教材が出されています。多くの語りを評価ポイントに沿って繰り返し学習することをお勧めします。

　表 4 と**表 5** に手話通訳士試験（実技）の第 22 回試験から第 31 回試験

表 4　手話通訳士試験（実技）の出題分野（第 22 〜第 31 回試験）

テーマ	読取り通訳試験	聞取り通訳試験
仕事	第 26 回	第 22 回　第 23 回　第 26 回　第 27 回
医療・健康	第 23 回　第 26 回　第 31 回	第 23 回　第 25 回　第 28 回　第 30 回　第 31 回
福祉・介護・障害	第 22 回　第 29 回　第 31 回	第 29 回
趣味・スポーツ	第 22 回　第 24 回　第 27 回　第 29 回　第 30 回	第 24 回　第 26 回　第 28 回
情報・通信	第 25 回　第 28 回　第 28 回　第 30 回	第 31 回
子育て・家族	第 23 回　第 25 回	第 24 回　第 30 回
友人	第 24 回	第 22 回
その他	第 27 回	第 25 回　第 27 回　第 29 回

の出題骨子を 10 年分まとめました。読取り通訳、聞取り通訳それぞれ 2 問出題されますので、10 年分の 20 問を分野別に傾向を見てみます。

　受験を目指す皆さんは、それぞれに、得意な分野があると思いますが、先に述べた報告書の「通訳技能という側面において、コミュニケーション場面を特定することは難しい」との記載されているように、幅広い分野から出題され、分野から傾向と対策を考えるには無理があります。このようなことから、出題基準、評価項目に的を絞った学習が求められていることがわかります。

(1) 場面と内容

　前節の実技試験の出題基準等で触れたように、試験場面では、試験課題の語りに入る前に場面と内容がアナウンスされます。場面と内容を事前に知ることは試験問題で語られる要点を知る手がかりとなります。語られる要点を正確につかむことが評価のポイントの基盤にあることは言うまでもありません。表現力がどんなに豊かであっても、語られる内容が間違っていれば意味をなさないからです。

(2) 実技試験の採点評価のポイントと評価方法

　1998（平成 10）年 4 月社会福祉法人聴力障害者情報文化センターは、「手話通訳士認定試験制度のあり方検討委員会報告書」を出しています。この報告書と「受験の手引」以外に実技試験の実施にあたって評価等に関する資料が見当たらないことから、この報告書が実技試験の採点評価の基盤となっているといえます。

　ではこの報告書に沿って採点評価のポイントを探ってみましょう。

① 試験問題作成方法

　試験問題作成にあたって次のようにその基準を示しています。何を問うのかを知るうえでとても大切なまとめです。

表5　手話通訳士試験（実技）の出題テーマと内容、骨子（第22～31回試験）

		聞取り			
		第1問	内容	第2問	内容
第22回	2010年度	仕事の中で	ケアマネージャーとして脳梗塞を患った方との出会い	私の友人	登山家野口健氏の清掃活動に感動し里山ペンションの経営を
第23回	2011年度	歯磨き指導	小学2年教師と子供との会話から	漫画ビジネス2012収載開始	雑誌→単行本→アニメ化→原作本の販売翻訳本
第24回	2012年度	オーロラツアー	オーロラツアーについての家族団らん	アイ・コンタクト	デフリンピックバレーボールに参加を目指すろう者
第25回	2013年度	眼科の検査結果	緑内障の説明	国会議事堂見学	議事堂内の様子（衆議院参議院歴代首相の銅像他）
第26回	2014年度	世界の天辺に登る夢	三浦雄一郎七大陸スキー滑降（数字／固有名詞）	職務に専念する義務	公務員の働き方
第27回	2015年度	銀行の閉店時刻	銀行法施行規則による午後3時閉店、職員の退社5時。	がん保険の相談窓口	がん保険の保障内容
第28回	2016年度	説明：講演会の舞台通訳。テーマ「テニスプレーヤー錦織選手の活躍」。会場には、テニスを趣味にしているろう者も10数名参加しています。		説明：保健センターの健康相談での個別通訳。「夜、足がつって困る」と、相談に見えた50代のろう者に、保健師が、その対処方法を説明します。	
第29回	2017年度	説明：大学の職員研修の通訳。テーマ「障害者差別解消法」。コーディネーターが、大学の情報保障について話します。聞こえない職員も数名参加しています。		説明：ろう協会女性部の教養講座「終活を始めたきっかけ」の通訳をします。講師は有名ルポライターなど。50人ほどの参加者はほぼ全員耳が聞こえません。	
第30回	2018年度	説明：特別支援学校の全体講演会でPTA役員が、保護者に「スマホ使用の注意」を呼びかけています。聞こえない保護者も数名います。		説明：医師が講師を務める市民健康講座の舞台通訳。テーマは「あなたも鉄欠乏性貧血かも」。参加者は200人ほどで聞こえない方も参加しています。	
第31回	2019年度	説明：県庁の広報課記者会見。案内表示に関する検討会議の報告をする福祉部長の隣に手話通訳者が立ちます。		説明：聴覚障害者協会の料理教室。聞こえる講師が「骨を強くするおいしいレシピ」を紹介。参加者は20人ほどです。	

※第28回試験より出題表示・アナウンス内容変更

読取り			
第1問	内容	第2問	内容
ろう協会長の福祉課長への要望	デフリンピックの知名度を上げるために市の広報紙に紹介依頼	落語に学ぶ	落語での身振りしぐさを手話講座に活用していきたい
娘についての相談	家事を手伝い地域手話サークルへ参加、親の友人ともおしゃべりを楽しむ娘が学校に行きたがらない	病院の緊急時対応	全ての病院に手話通訳者の配置、安心して受診できる体制
趣味	仕事のストレス発散。スキューバダイビングの醍醐味、海中の様子、手話での会話	仲間	ろう協手話サークル忘年会での司会担当について、友人と行き違いの経緯
ろうの教員から、保護者への説明	部活中のバッティング練習で目にボールがあたる。保健室、眼科での処置	映画の字幕	洋画での日本人登場のときにも字幕を付けてほしい
薬剤師からの説明	ろうの薬剤師が手話通訳を介してジェネリック医薬品について説明	運転免許取得の思い出	教習前に漢字の読み方を書かせる試験有り。手話通訳が付き教習、本試験と進む
ろう者と軟式野球	ろう学校普通校とも軟式野球部が減少で試合が困難。ろう社会人野球はあり、ろうの子どもの希望に	病院実習で思ったこと	手話通訳付き実習での医師、患者以外の情報を次にどう活かすか考えたい(器具準備の音、隣室の声)
場面：通信企業の社員研修 講師：聴覚障害者協会役員 テーマ：連絡手段の移り変わり		場面：無料法律相談コーナー 相談者：聞こえない人 内容：航空会社への要望方法	
場面：手話サークル 講師：ろう協会員 テーマ：城めぐり〜姫路城〜　世界遺産登録		場面：役所の介護保険課窓口 相談者：ろう者 内容：施設使用料について 特別養護老人ホーム〜利用者負担	
場面：スポーツ指導員研修 講師：ろう者協会体育部長 テーマ：カーリング　ピョンチャンオリンピック 「もぐもぐタイム、そだね〜」		場面：市民ホールの担当者と聴覚障害者団体の意見交換 内容：企画の情報保障	
場面：市立病院職員の勉強会 内容：ろう者の検診体験記		場面：ろう者協会「介護保険講座」 内容：参加者からきこえる講師への質問	

・話題（問題文）がそれぞれのメッセージに合った「起承転結」の意味的まとまりになっていること。

　「起承転結」について、さまざまな説がありますが、ウィキペディアの「日本の初等・中等教育においては、本来の意味から転じて、文章の構成として一般的に教授されている」としているものに近いと思われます。起承転結の後に、意味的まとまりが登場します。このまとまりは、文（…。）のまとまりで、文章を意味しているものだと思います。

　つまり、何が言いたいのかわからないようなものではなく、ストーリーがはっきりしていて、何が言いたいかがわかるようにするということだと思われます。

(例)

　起：私は、週1回JRで事務所に通勤しています。

　承：最近電車が遅れることが多いので、いつもよりホームが混んでいたのですが、気にしませんでした。

　転：しかし、なかなか電車が来ないので変だなと思っていたら、事故で運休していると放送がありました。

　結：慌てて、京成電車の駅まで歩き、15分程のはじめての遅刻となりました。

　一例をあげてみましたが、これを2分程度の問題にすると、このようにすっきりしたものにはなりません。しかし、ここでの趣旨は「わかりやすい」ということにあることははっきりしています。

・話題の内容は、模擬場面のテーマに沿って、表現者本人の考え、経験、体験に基づき作成する。

　場面や内容は、語り手の経験や考え方に基づいたものであること

　　（現在は異なる場合が見られます）
・地域性を排除するため、ローカル的な固有名詞等を示す表現は避
　ける。
　　一般的に理解される固有名詞等を使用すること
・問題文の各センテンスに、チェックポイントを設定する。
　　文ごとにチェックできるように作成すること

とし、備考には規準に基づいた問題作成に必要なことを記載してい
ます。
○通訳には、メッセージを伝える能力が求められる。そのため、問題の
　内容が起承転結の形式になっていることが必要である。
○話題の表現者（ろう者）は特定の地域、年齢、性別、学歴等に偏るこ
　とがないよう留意し、実技試験委員会に置いて推薦し、協力依頼を
　行う。
○話題提示者が納得できるまでカメラ撮りを繰り返す。（緊張による不
　自然さの排除）
○実技試験委員会において、収録した各話題の中から問題を選定する。

② 評価方法

　ここには３つの基準が示されています。
○メッセージが通じているか否かの評価。
○表現力、速さ、円滑性、態度、明瞭制、記述力の評価。（当時「読み
　取り（筆記）試験」があったことから記述力の評価があったと思われ
　る）
○チェックポイントの評価

とし、評価にあたっての留意事項が備考として記述されています。
・起承転結の同一性

表6 平成10年4月手話通訳士認定試験制度のあり方検討委員会報告書と令和3年度「受験の手引」による採点評価のポイント

科目	採点評価のポイント（平成10年4月「手話通訳士認定試験制度のあり方検討委員会報告書」）	2020（令和3）年度第32回手話通訳技能認定試験（手話通訳士試験）「受験の手引」
聞取り通訳試験	採点は、**通訳の正確さの評価と手話表現の技能評価**を併用する。 技能評価は、次の項目について行う。 ア表現力 表現がわかりやすく、語句の選択が適切であり、動作に緩急・強弱などを加えて描写できるか。 イ円滑性 表現全体を通して流れが滑らかで、間の取り方が適切であるか。 ウ速さ 手話表現が音声語から時間的にずれすぎないか。 エ態度 視線、身のこなし、伝達への意欲など通訳するときの態度が良好か。	正確さ 試験問題（手話）の展開がつかめていて、適切な翻訳ができているか。 技能 表現力 日本語の意味に合致した適切な手話が選択されており、人称と数に対する一致など、手話の形態論的な特徴が活かされているか。 円滑性・速さ 手話としての文がつながっており、大きな脱落がなく、リズムや間のとり方、視線や首・肩の動きなどの構文的な活用があるか。 態度 視線がカメラ方向に向けて安定しており、伝達への意欲や表現の明確さなど通訳者としての適切な構えが認められるか。
口頭通訳試験（現読取り試験）	採点は、通訳の**正確さ**の評価と口頭での**表現能力**の評価を併用する。 表現能力は、次の各項目について行う。 ア表現力 手話の強弱等ニュアンスも含めて正しく音声語に反映して表現しているか。 イ速さ 音声表現が手話から時間的にずれすぎないか。 ウ明瞭性 発音・発語が明瞭で、聞き取りやすいか。	正確さ 試験問題文（音声）の展開がつかめていて、適切な翻訳ができているか。 表現能力 表現力 一つひとつの文が完結しており、また、日本語として自然な表現ができており、かつ、細部のニュアンスや雰囲気を伝達しているか。 速さ 聞きやすい速さで読み取っており、不自然な間がなく、文の区切りが適切に表示されているか。 明瞭性 発音・発語が明瞭で、文末まできちんと発話でき、声の調子やトーンが使い分けられているか。

※筆記通訳試験は、現在行われていないので省略した。

わかりやすさ

・通訳内容の正確さ

　　語りの要点、数字や固有名詞などが正確に表現されていること

③ 採点評価のポイント

　採点評価にあたって、求めているものを上記報告書と「受験の手引」に示されているポイントを一覧にしてみました。表現方法の違いなどがありますが、ポイントの解説が豊富になればそれなりに理解が進むと思われます。皆さんが、求められていることを理解し、受験対策の学習に役立てば幸いです。

　採点評価のポイントは、試験機関が受験者に求める力量です。受験にあたって、採点評価のポイントの理解ができたら、次には、自分自身の力量を知ることが必要です。いくつかの教材を活用して、自分自身の力量を測ってみましょう。採点評価のポイントと自分自身の力量の差を埋めるために必要な学習について深めます。

③ 出題基準に基づく受験対策

　ここからは出題基準を意識して学びます。試験での評価は、**図22**「手話通訳におけるメッセージの伝達」にある最後の「メッセージを他言語で表現」のところだけで行われますが、あなたのつまずきがどこで起きているか確認するために必要なことなので、しっかり学んでおきましょう。適切な表現は、話された内容に係る経験、知識、さらには当事者のコミュニケーション態度等に影響されることを考慮しながら再構成することが求められていることに留意しましょう。

(1) 出題基準

　第32回（令和3年度）の「受験の手引」を基に、出題基準を整理してみましょう。

① 読取り通訳

　出題基準をメッセージの伝達に沿って整理しています。

・出題内容：講演、相談、医療、文化活動等についての内容に関する2
　分程度の問題を2題出題する。

・試験方法：受験者は、試験室内で椅子に着席し、モニター画面に映し
　出される手話をマイクに向かって（手話を介さない日本語話者を想定
　して）音声で同時通訳する。この音声を収録し、採点評価する。

・採点評価：採点は、出題の内容が正確に通訳されているか否かの「正
　確さ」の評価と、音声語の「表現能力」の評価を併用して行う。

【メッセージの受容と理解】

　対象者は、手話を解さない日本語話者を想定して、とあります。この
意味は、手話を介さないとありますので、手話言語はもとよりろう者の
生活実態を知らない人という意味になります。この場合、表現するうえ
で語彙の選択や語調などが問われますが、私たち自身に手話言語やろう
者の生活についての理解が求められていることは言うまでもありませ
ん。**図23**「手話通訳におけるメッセージの伝達」から考えると、「表現

図23　手話通訳におけるメッセージの伝達

表現されたメッセージの受容 → メッセージの理解 → メッセージの保持 → メッセージを他言語で再構成 → メッセージを他言語で表現

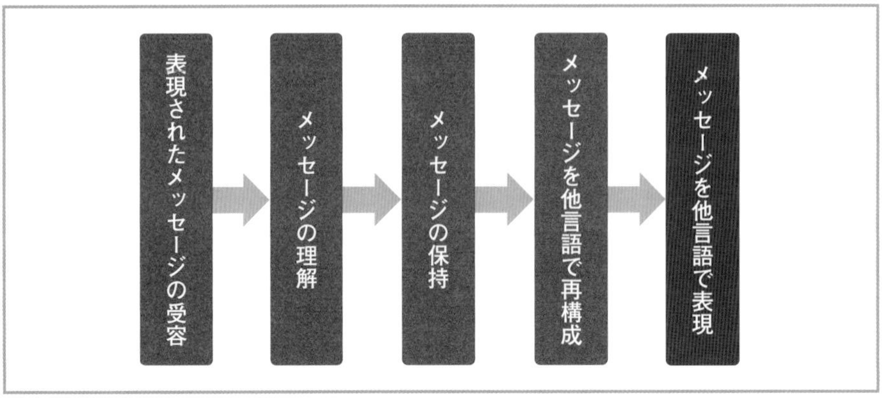

出典：『手話通訳者養成のための講義テキスト改訂版』社会福祉法人全国手話研修センター、
2020年、47ページ

されたメッセージの受容」と「メッセージの理解」の過程の1つです。加えて、ろう者が表現していないのに、知らないことを責められるような雰囲気や知っていて当然といった雰囲気がにじみ出てしまうこともよくありません。

出題基準では、「講演、相談、医療、文化活動等に関する問題」とその領域が示され、そのすべてにろう者に関わる課題が隠され、私たちの技能・資質を問うていると考えられます。その上で次の過程に移ります。

【メッセージの保持と再構成そして表現】

ろう者の置かれている社会的位置の理解に立って音声言語に再構成することになりますが、表現は、出題基準に示されている「正確さ」と「表現能力」の2つの柱が設定されているので、この2つに留意する必要があります。

【「正確さ」とはどのようなことか】

語りの意図や意味が表現できるために必要なことは、要点を理解し、起点言語から他言語に再構成し、適切に表現することが必要です。「受験の手引」では、採点評価を次のようにまとめています。

正確さ	試験問題（手話）の展開がつかめていて、適切な翻訳ができているか。

出題された語りの要点が「適切な表現」となっているかが1つ目のポイントです。

対象がろう者の生活を知らない人であることを念頭に、一般財団法人全日本ろうあ連盟編『手話言語白書』（明石書店、2019年）からいくつか例を拾うと、100ページには「ノートテイカー」が登場します。また、189ページには「デフリンピック」が登場します。「ノートテイク」、

「ノートテイカー」や「デフリンピック」を知っている聞こえる人はどのくらいいるのでしょうか。

2018年度（第30回）の試験問題には、デフチーム、デフリンピックの用語が登場しています。オリンピック、パラリンピックは一般によく知られていますが、デフ、デフチーム、デフリンピックはどうでしょうか。出題基準には、「手話を解さない日本語話者を想定している」とあります。デフチーム、デフリンピックをどのように伝えるか。ノートテイク、ノートテイカーも同様です。言っていることを正確に伝えるために、必要な補足といえます。伝わる、わかる通訳に必要な補足が2つ目のポイントです。

先の松本は、「わかる言い方に代えることを通訳という範囲からのぞいてしまったら、通訳の意味は半分に減ってしまう」とも言っています（『手話通訳の理論と実践』一般財団法人全日本ろうあ連盟、1998年、135ページ）。正確であるということは、わかることが前提です。一方で、意味もなく言い換えたりして正確さを欠いてしまう場合がありますので、留意が必要です。

3つ目のポイントは、適切な表現のためには、「誰が」「誰に」「何を」「どのように」と、組み立て、再構成することです。

【「表現能力」とはどのようなことか】
「表現力」

表現力	1つひとつの文が完結しており、また、日本語として自然な表現ができており、かつ、細部のニュアンスや雰囲気を伝達しているか。

「誰が誰に〜」を頭の中で理解し、わかっていることを表わす「表現力」が求められます。再構成する際に「伝わる、わかる表現」にまで高めることが必要です。そのためには「正確さ」同様「誰が誰に〜」を明

確に表現することを意識しましょう。

「速さ」

速さ	聞きやすい速さで読み取っており、不自然な間がなく、文の区切りが適切に表示されているか。

「速さ」とは、聴きやすい表現とも言えます。誰にとって、聴きやすい表現なのか考えてみましょう。当然、手話通訳を介してのコミュニケーション経験のない人なのです。となると、文や指文字であらわされる名詞などを適切な速さで、適切な間や文の区切りが大切になります。間が長すぎたり、文の区切りが良くわからない表現だと分かりにくいばかりか通訳に対する不信感を持たれることもあるでしょう。

「明瞭性」

明瞭性	発音・発語が明瞭で、文末まできちんと発話でき、声の調子やトーンが使い分けられているか。

「明瞭性」は、聴きやすい発話、声の調子やトーンにそのポイントがあります。

メッセージを起点言語から他言語で再構成する際の「正確さ」「表現能力」は、採点評価だけの問題ではなく、日常の通訳にも気を付けなくてはならない大切なポイントなのでしっかり学習しましょう。

② 聞取り通訳

ここでも出題基準をメッセージの伝達に沿って整理しています。先の白澤の調査を念頭に学習を深めることがとても大切なので再掲しておきます。

試験方法は、試験室内で所定の位置に立ち、ビデオカメラに向かって

手話通訳に対する期待の内容

1	必要な部分を落とさずに伝えてほしい
2	場面や話題が変わったことをはっきり伝えてほしい
3	情報や間違いやずれを生じさせないでほしい
4	安心してみていられる通訳をしてほしい
5	見ていて自然に頭に入ってくるような通訳をしてほしい
6	必要な語句を省略しないでほしい
7	その場で何が話されているのかリアルタイムに伝えてほしい
8	講演者が日本語として何といったのかをきちんと伝えてほしい
9	通訳者が情報を選ぶのではなく原文に忠実に訳してほしい
10	1つひとつの表現をはっきりとあらわしてほしい

出典：白澤麻弓『日本語—手話同時通訳の評価に関する研究』風間書房、2006年、150ページ

通訳します。

【メッセージの受容と理解】

　対象者は、聴覚障害のある手話話者を想定して、とあります。この意味は、手話言語による生活を送っている人という意味になります。この場合、ろう者がろう者同士で会話するに際し、用いられている手話が理解されているかが問われます。

　図23「手話通訳におけるメッセージの伝達」から考えると、「表現されたメッセージの受容」と「メッセージの理解」「メッセージの保持」を経て「メッセージを他言語で再構成」する段階が問われていることになります。出題基準で示されている領域は、「講演、相談、医療、文化活動等に関する問題」と示されています。領域が広いので絞り込みが難しいので、領域で考えるのではなく、手話言語表現に力点を置いた学習をする必要があります。

　出題基準では、「正確さ」と「技能」の2つの柱が設定されています。

【「正確さ」とはどのようなことか】

　大切にしてほしいのは、読み取りと同様に要点がつかめているかです。受験の手引きでは、採点評価を次のようにまとめています。

正確さ	試験問題（音声）の展開がつかめていて、適切な翻訳ができているか。

　出題された「情報」が同量かどうか、さらに、適切な表現は「誰が」「誰に」「何を」「どのように」再構成され、表現できているかです。

【「技能」とはどのようなことか】

　本題に入る前に、『手話通訳の理論と実践』（一般財団法人全日本ろうあ連盟、1998 年、31、32 ページ）の手話通訳の技術認定の「(1) これまでの評価方法」を引用しますので、何がポイントになっているのかを把握し、聞取り試験の出題基準の理解の参考にしてください。

　わが国において、手話通訳の技術認定試験を初めに行ったのは、おそらく東京だと思います。1969 年（昭和 44 年）10 月に開講された東京都手話奉仕員養成講習会の修了式が近づいた 1970 年 2 月、突然、講師から「修了にあたって試験を実施し、合格した者のみを東京都登録手話通訳者とする」との提案があり、関係者の合意の上で、修了試験が 3 月に行われました。試験内容は、聴き取り表現と手話の読み書き取りでした。その後（中略）全日本ろうあ連盟認定試験が実施されました（手話通訳士試験の開始により、その役割は終わったとして、1988 年に廃止）。これらの試験の評価方法については、試験実施者に委ねられ、特に統一されてはいませんでした。また、全国レベルで評価方法や基準について議論されることもありませんでした。しかし、おおむね、

　①手話単語を正確に表現しているか

　②情報のもれはないか

③手話のリズム
　　④間
　　⑤流れ
　　　　　　　　　　　手話の見やすさ
などを中心にして、他には
　　⑥ろう者的表現
　　⑦伝統的手話表現
　　⑧状況描写・伝達度
　　⑨全体的な好感度
といったことを、そのポイントとしていたのではないかと思われます。
（以下略）

　上記のポイントは試験官の主観が評価に影響することを懸念し、客観的な評価方法と規準について討議し、「手話通訳技術の7ポイント」が登場したとあります。

「表現力」

　「受験の手引」では、採点評価を次のようにまとめています。

表現力	日本語の意味に合致した適切な手話が選択されており、人称と数に対する一致など、手話の形態論的な特徴が生かされているか。

　表現力は、手話の基本、文脈に応じた語彙の選択等が求められています。手話の基本について再確認しましょう。

①表情

　顔や体の表情・強弱・速度を工夫して表現する。
「できる」：少し　まあまあ　とても
「高い」：高いかな？　高い　わぁ、高い！！

②具体的表現

●様子や形　動きや様子、形を目で見るイメージをもとに表現する。

「雨」：しとしと、ざーざー、ぽつぽつ

「見る」：高所から見下ろす、空を見わたす

●動き　動きの様子を写し取るように表現する。

「行く」：2人で　グループで　車で

●意味・内容の具体性　日本語の意味をとらえ、状況に合わせた手話を選択する。

「増える」：会員、貯金、体重

「人々の動き」：座る、並ぶ

「使う」「行く」「入る」「いっぱい」

③主語の明確化

手話の位置と動きの方向で「誰が」「誰に」がわかる。

●位置・方向（1対1）

「私があなたにメールする」「あなたが私にメールする」

●位置・方向（この場にいない第三者を含んで）

「私が彼に頼む」「彼が彼女に頼む」「彼と彼女が私に頼む」

●役割の切り替え（ロールシフト）

「課長、この仕事、明日にのばしていいですか。」「明日、しかたないな〜」

●指さし　「楽しい」（私）（あなた）（彼）

④空間の活用

●左右・前後の空間活用

「7月25日から9月20日まで夏休み」「先週も今週も欠席、来週は出席」

●上下空間・指さしと視線の活用

「私は、部下の要望を聞いて社長に伝えた」「鈴木さんの説明が分からなくて困っています」

⑤同時性

両手や視線を使って、2つのことを同時に表現する。

「母はテレビを見ながら洗濯物をたたんでいる」

「お父さんから2千円もらったので、僕と妹と千円ずつ分けた」

⑥指の代理的表現（代名詞化）

前に表現した単語や内容の代わりに指を使って表現する。

「私の子どもは3人です。長女、長男、次女です。」

⑦繰り返しの表現

同じ手話を繰り返すことで、複数の意味や強調、継続していることを表現する。

「仕事が決まり、うれしくてたくさんの友達にメールをしました」

「駐車場には車がたくさん止まっている」

⑧意味に合った手話

「かける」：コート　椅子　電話　鍵　醤油

注：『手話奉仕員養成テキスト』全国手話研修センター、2014年発行にある7分類を一般社団法人日本手話通訳士協会が8項目に整理

「円滑さ・速さ」

円滑性・速さ	手話としての文がつながっており、大きな脱落がなく、リズムや間のとり方、視線や首・肩の動きなどの構文的な活用があるか。

「円滑さ・速さ」は、言い換えると見やすさといってもいいでしょう。ろう者にとって見やすい表現なのかが問われています。見やすさには単語と単語の間、文の区切り、空間の使い方、視線、表情なども「円滑さ・速さ」に影響を及ぼし、見やすさにつながります。

「態度」

態度	視線がカメラ方向に向けて安定しており、伝達への意欲や表現の明確さなど通訳者としての適切な構えが認められるか。

　「態度」とはどのようなことなのでしょうか。視線が下がっていたり、定まらなかったりすると、ろう者は安心してみていることができません。カメラをろう者と見立て、手話で語りかけるくらいの意欲を見せましょう。

④ 受験対策におけるトレーニング方法

　何度か述べていますが、受験は狭義の手話通訳のうち、表現される手話言語・音声言語を試験官が採点評価するものであることを考慮し、受験に必要なトレーニング法に絞って解説します（**図24**）。

図24　手話通訳（狭義）トレーニング法

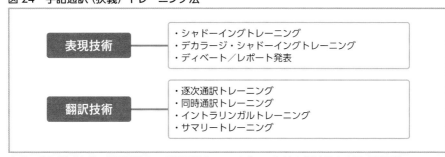

出典：林智樹『必携 手話通訳者・手話通訳士ハンドブック』社会福祉法人全国手話研修センター、2017年、72ページ

（1）さまざまなトレーニング方法

　図25は、手話通訳の技術、技法とトレーニングの構成についてまとめたものです。近藤幸一は、『手話通訳者養成のための講義テキスト改訂版』（社会福祉法人全国手話研修センター、2020年）の46ページで、「手話通訳の技術・技法には、手話通訳技術と手話通訳実践技術があるとされています。手話通訳技術とは、『起点言語としての手話や日本語

図25　手話通訳の技術・技法及びトレーニング

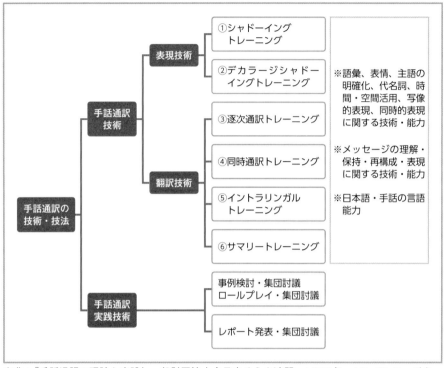

出典：『手話通訳の理論と実践』一般財団法人全日本ろうあ連盟、1998年、12・51ページを一部改変

をもう一方の言語に変換して伝えるための技術』です。」と手話通訳技術を「起点言語をもう一方の言語に変換して伝える技術」と説明しています。「手話通訳におけるメッセージの伝達」の流れのどこでつまづきやすいのか。自分自身の課題を知り、それぞれ課題に対応したトレーニングに焦点を当て自分自身の課題の克服に取り組みましょう。

　合格に向け、自分に求められる課題に対応するトレーニング方法で学習を深めるために、**図25** に目的別にトレーニング方法とその意味・効果について紹介します。

● 表現技術向上に向けたトレーニングの概要

目的：手話や音声の表現技術（表現された手話や音声を受容・理解する
　　　能力と、手話通訳者自身が手話や音声を表出する能力）を高める
　　　トレーニング

○シャドーイング・トレーニング

　　表現者の表現した手話または音声を直ちに真似をして同じように表
現を行う。

・表現された手話あるいは音声語を正確に読み取る、あるいは聞き取
る練習を通じて話し手のメッセージを必要かつ十分に受容する能力
を高める。

・表情や体の移動、あるいは声の出し方、速さなどをすべて再表現
（模倣）することで、多様な形態の手話あるいは音声語の表現力を
獲得する。

（「シャドー＝影」のように同じ動作や発声をまねするということ）

○デカラージシャドーイング・トレーニング

　　表現者の表現した手話または音声語を1〜3語遅れて真似をして
同じように表現を行う。

・メッセージを保持する能力（受け取った情報を一定時間記憶してお
く能力）と、保持したものを、次に続いて送られてくるメッセージ
を受け取りながら再表現する能力を向上。

（「デカラージ」とは「遅れて」という意味。つまり遅れながらシャ
ドーイングすること）

● 翻訳技術向上に向けたトレーニングの概要

目的：元となるメッセージの理解力と、手話から音声語へ、又は音声語
　　　から手話へ翻訳する能力を高めるトレーニング

○逐次手話通訳トレーニング

　　メッセージの理解に重点を置き、まとまりのある文として表された

メッセージ部分を、十分に理解したうえで正確に翻訳する練習。

○同時手話通訳トレーニング

上記各トレーニングの総合練習として実践的な手話通訳練習を行う。

○イントラリンガル・トレーニング

メッセージ内容を把握したのちに、それを別の言葉に置き換える練習。

・イントラリンガル・トレーニングを通じて、メッセージの意味・内容を損なうことなく通訳対象者や通訳場面に応じて言葉を使い分けて表現する力を高める。

（「イントラリンガル」とは「同じ言語のなかで」という意味。ここではある単語や文を別の言葉・文で表現するということ）

○サマリー・トレーニング

メッセージの主題を押さえながら要約する練習。

・サマリー・トレーニングを通じて、メッセージへの注意力、理解力、再構成力、表現力を高める。（「サマリー」とは「要約」するという意味）

　この章では、手話通訳、手話通訳士、手話通訳士試験の理解と受験に向けたトレーニングについて解説してきました。次章からは具体的に受験に向けた対策について理解を深めます。

第2章

手話通訳技術の向上

第2章では、読取り通訳と聞取り通訳の基本的なことに焦点を当て、そのポイントを解説します。

　学ぶにあたっては、個人での学びに加え、グループでの学びなどさまざまな学びの機会を活用し、より深めることを期待しています。

　また、聞こえる講師から学ぶだけではなく、聞こえない講師からの学びをお勧めします。自分の聞取り通訳が、聞こえない人にはどのように読み取とられているのか、どのように感じているのかを確認し、「聞こえない人に伝える」ことを意識した実践的な通訳練習をしましょう。

　コミュニケーションの場での手話言語は、それを使う人から切り離されたものではありません。このテキストでの学びと並行して、聞こえない人と関り、手話で語られる思いを感じる学びもしていきましょう。

読取り通訳

学習のポイント

　読取り通訳では、まずは表現された手話単語や文法を見落とさず、見間違えずに見ることが大切です。そして、それぞれの手話単語や文法を保持しながら、小さな意味のまとまりを作り、内容を理解し、また、次に見えてきた手話単語や文法を保持しながら、かたまりを作り、それらを大きなかたまりにしながら、内容を理解し、自然な日本語に構成しながら、声に出していきます。

> 読取り通訳の流れ
> ① メッセージの受容
> ↓　見落とさず、見間違えないようにしっかりメッセージを見ます。
> ② メッセージの理解
> ↓　どのようなことを言っているのかを理解します。
> ③ メッセージの保持
> ↓　理解したことを忘れないように保持しながら
> ④ メッセージ再構成
> ↓　手話を日本語に構成しなおしてメッセージの表現
> ⑤ 声にします。

　手話通訳士試験「読取り通訳」の採点評価を参考に学習ポイントを整理すると以下のようになります。

正確さ		話の展開をつかんだ適切な翻訳
表現能力	表現力	1 つひとつの文が完結している。 日本語として自然な表現ができている。 細部のニュアンスや雰囲気を伝達している。
	速さ	聞きやすい速さで読み取っている。 不自然な間がない。 文の区切りが適切である。
	明瞭性	発音・発語が明瞭である。 文末まできちんと発話ができている。 声の調子やトーンが使い分けられている。

このテキストは、動画ではなく、またセンテンスも短いので、「表現能力」について実践的な同時通訳練習はできませんが、手話の語りの写真を使って、「正確さ」を中心に、手話文法、読取り通訳のポイント、練習方法を説明していきます。

「手話の基本文法」

1. 表情（顔や体の表情・強弱・速度を工夫して表現する）
2. 具体的表現　　　3. 主語の明確化　　　　　　　4. 空間の活用
5. 同時性　　　　　6. 指の代理的表現（代名詞化）
7. 繰り返しの表現　8. 意味に合った手話

出典：『手話で学ぼう手話で話そう―手話奉仕員養成テキスト』社会福祉法人全国手話研修センター発行

1 読取り通訳 「ろう教育」

問題文

（写真　飛山将紀）

ポイント

同じことを別の手話で表現していることを理解しましょう。
そして、すぐに読み取らないで保持して意味をつかみましょう。

日本語訳

　小、中では聞こえる子と一緒に学びましたが、授業にはついていけませんでした。

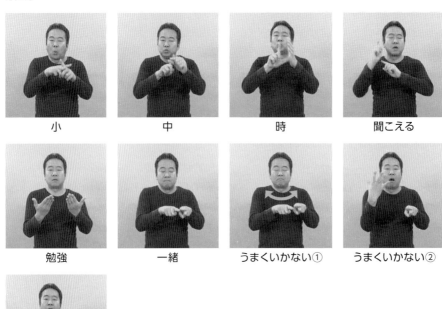

| 小 | 中 | 時 | 聞こえる |

| 勉強 | 一緒 | うまくいかない① | うまくいかない② |

遅れる

　読取り通訳では、まず、「メッセージの受容（見落とさず、見間違えないようにしっかりメッセージを見る）」をします。

　上の写真では、「うまくいかない①」「うまくいかない②」「遅れる」と表現しています。

　この首振り（「うまくいかない①」）は、実際に語り手が話して

いるのを同時通訳する場合は、一瞬のことであり、手指で表される手話単語でもないので、意味のある文法だということを知らなければ見落としてしまうかもしれません。

しかし、「否定」「反対語」「逆説」などを表す文法的な意味があるのです。

読取り通訳では、まずは、見落とさず、見間違えないように見ることが必要ですが、手話の文法を理解していなければ、文法表現を見落としてしまい、手指で表現された手話単語をつなぎ合わせて意味を考えようとして、正しく意味をつかむことができなくなってしまいます。

例えば、手話単語や手話文法を駆使して表現された「私は彼女と彼に説明をした。彼女は聞こえなかったようだ。」について説明します。

「私は彼女と彼に説明をした（「彼女」を右空間、「彼」を左空間で表現）。彼女は聞こえなかったようだ（ここでは「彼女」の手話単語の表現はなく、はじめに彼女を作った右空間を指さして表現＝空間の代理的表現）。」この位置や指さしの文法的な意味を理解できなかった場合は、読み取れた手話単語だけで、意味を理解しようとしてしまいます。そうすると、「私は彼女と彼に説明をした。聞こえなかったようだ。」と読み取ってしまったり、あてずっぽうで「彼女は聞こえなかった」とか「彼は聞こえなかった」とか、「2人とも聞こえなかった」などと勝手に作文をしてしまうことになります。

「うまくいかない①」を意識して見なかったという人は、しっかり手話文法を学習し、首振りの意味を理解しておきましょう。

次は読取り通訳過程の「保持し内容（意味）をつかむ」について説明します。

同時通訳のときは、はじめの首振りで、「『小中（学校）では聞こえる子どもと一緒に学んだ』ことがうまくいかなかった」と意味を大雑把に

つかみます。ここではまだ、日本語に変えようとせずに、次の手話を見ます。次の「うまくいかない②」も「小中（学校）では聞こえる子どもと一緒に学んだ」ことがうまくいかなかったという意味をつかみます。ここでもまだ、日本語に変えようとせずに、次の手話を見ます。

　そして次は「遅れる」という手話で、うまくいかなかったことが何なのかを表現しています。

　この「遅れる」は、はじめに表現された「一緒に学んだ」に掛かっているので、「勉強が遅れた」「授業についていけなかった」という意味になります。

　左手は5指で複数、つまり、みんなのことを表し、右手は人さし指1本で自分のことを表しています。「遅れる」ということだけではなく、「みんなから」ということもメッセージの中に入っています。

　「うまくいかない①」「うまくいかない②」「遅れる」とそれぞれ手話は違いますが、どれも意味は「勉強についていけなかった」ということを表しています。

　「小中（学校）では聞こえる子どもと一緒に学んだ」を保持しながら、「（否定）」「うまくいかない」「遅れる」の手話の意味をつかんでいき、それらを意味のまとまりとして、

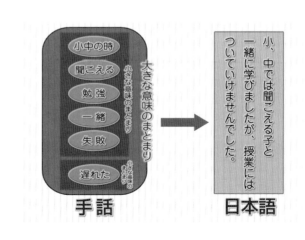

66

そのまとまりごとポンと日本語に構成し直します。

　１つの手話単語を１つの日本語の単語に置き換えていくのではなく、いくつかの手話単語を１つの意味のまとまりとしてとらえて、日本語に構成していくのです。

　ここでは、「うまくいかない①、うまくいかない②、遅れる」までを見落とさずに見ることができ、かつ保持する力がなければ、内容を理解できず、適切に日本語を構成していくことはできません。

トレーニング　シャドーイング

　個々の手話単語はわかる、手話文法もわかる、でも、同時通訳のときに、いくつかの手話を保持することができないわという人はいませんか。

　手話のシャドーイングトレーニングで、「手話のスピードに追い付いていける目」を作っていきましょう。はじめは、手話の動きがとらえられなくても練習を重ねていくうちに、動いている手話の輪郭がはっきりしてきます。そして個々の動きがバラバラでなく、流れとしてとらえられ、かたまりを見つけられるような見方ができるようになっていきます。

　シャドーイングの練習のポイントですが、手話だけをまねようとするのではなくて、顔の表情、体の動き、間などすべて語り手と同じように表現しましょう。うまくいかない場合はシャドーイングを３つの段階に分けて練習してみましょう。第１段階は顔の表情だけをシャドーイングします。第２段階は肩から上をシャドーイングします。最終段階は手話も含めて全体をシャドーイングします。分けて練習することで、細かなところも意識することができるようになります。

　また、１文〜３文を見終わってから、意味を考え、日本語にしてみる練習をしてみましょう。保持する力が不十分なままで、同時通訳をしようと思うと、わかった単語を声にすることに意識がいってしまい、意味のまとまりをとらえて日本語にすることができません。

声にすることはおいておいて、まずは、まとまりを意識するように見ることに集中します。まとまりを意識するように見るという感覚がわかってきたら、次に同じところを同時通訳してみましょう。そして、短文の同時通訳ができるようになったら、少し長い文で同時通訳練習をしましょう。

2 「職場の経験」

問題文 ────────────

（写真 目黒和子）

ポイント

　時の経過に沿った手話を自然な日本語に構成しましょう。

日本語訳

　職場で聞こえないのは私だけだったので他の人はみんなそのことを知らず、私の後ろから話しかけます。

| 他 | 人 | 来る | 来る |

| 話す | 話しかけられる |

　読取り通訳の流れに沿って、読取り通訳をするときに意識する点を説明します。

　「他・人／来る／話す」というのは時間の経過に沿って手話単語を表しています。「他の人」の後に「来る」「話す」と表現していますので、主語は「他の人」で、「他の人」が「私」に「話す」と

いう意味です。ここまでが1つのかたまりです。

　次に、「話す」の位置と方向が変わって「話す」は受動の意味になり、「私」は「話しかけられる」いう意味になります。ここも1つのかたまりです。

　この2つのかたまりを1つの大

きなかたまりとして、同じ場面を、主語を変えて表現しているということを理解することが大切です。

　ここでは、手話の位置、方向を理解して、能動（話した）から受動（話しかけられた）に変わったことで主語が「他の人」から「私」に変わったことを理解しましょう。また、「来る」の手話の位置、方向でどこ（私の後ろ）から話しかけたのかを理解しなければなりません。

　次にその理解したことを、適切で自然な日本語にします。時の経過に沿って表現された手話は、表された手話単語を順番に日本語に変えていく場合もありますが、こ

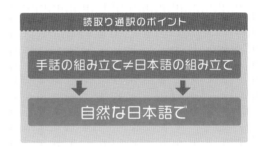

の場合は「来る」は日本語にはせず、結論の「話しかけられる」だけを読み取り、自然な日本語になるように読取りましょう。

トレーニング 意味のまとまりをつかむ

　個々の手話単語が見えると、すぐに日本語に変えて声に出していませんか。時の経過に沿った手話表現の場合は、詳細に状況描写のような読取り方が必要なときもありますが、自然な日本語を意識して読み取りましょう。そのためには見えてきた手話を保持して、状況を思い浮かべて、意味のまとまりを作る練習をしましょう。

| 行く | 歩く | コピー機 | そこ |

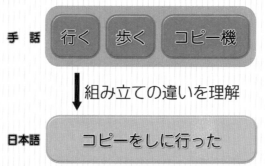

手　話　行く　歩く　コピー機

↓ 組み立ての違いを理解

日本語　コピーをしに行った

3 「後輩に伝えたいこと」

問題文

(写真 能勢由美子)

ポイント

接着剤になることばで話のまとまりをつかみましょう。

日本語訳

後でわかったのですが、はじめてろう者で車の免許を取った人が来ていたのです。

| あと | わかった | 何 | はじめて |

| ろう者 | 車 | 免許 | 取る |

| 人 | (指さし) | へー |

「まとまり」「かたまり」にはいくつかの段階があります。いくつかの単語のまとまりが、日本語の「文節」になったり、「文」になったり、「文章」になったりします。

読取り通訳をするとき、話のまとまりを見つけることが大切です。また、話のまとまりとまとまりをつなぐ接着剤になる手話に注意して見てみることも大切です。

すべての手話単語を見落とさずに見ることができても、1つひとつの手話単語を同列に理解しようとしてしまうと、意味のまとまり、話のまとまりがわからなくなってしまいます。

一方で、話のまとまりとまとまりをつなぐ接着剤になることば（手話）を意識して見ることで、

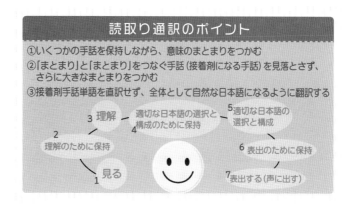

その前後の話のまとまり同士を、大きなまとまりとして理解することができます。大きなまとまりを作るためには、接着剤になる手話の前の小さなまとまりを保持しておく必要がありますね。

この「何」という手話は、「何かと言うと」という意味ですが、「後でわかったこと」「は」「はじめてろう者で〜」のように「〜は」と読み取ります。

トレーニング　接着剤になる手話

接着剤になる手話を紹介しましょう。これらの手話の前後に話のまとまりがあると理解し、前のまとまりと、後ろのまとまりを、大きなまとまりにして、適切な日本語で通訳しましょう。

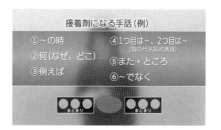

これらの手話は、前後のつながりを考えて、適切な日本語を選択して、自然な日本語になるように読み取りましょう。

4 「聴覚障害者の通信事情」

問題文

（写真 田原直幸）

ポイント

・話者は「誰」なのか、誰に変わったのか（ロールシフト）を体の向きや視線の変化、指さしなどでつかみましょう。
・話の流れに沿った表現は、直訳せず、話のポイントをつかみ自然な日本語で読み取りましょう。

日本語訳

夜遅くに、妻がもうすぐ生まれると私を起こしました。慌てました。

夜　　　　　遅い　　　　　私　　　　　妻

呼ぶ　　　揺すられる　　　痛い

生まれる　　　　　　　　言われる

慌てる

　体の向きや視線の変化、指さしに注意し、話し手は誰になっているの
かをつかみ、読取り通訳をしましょう。
　「私／妻」の視線は正面を向いています。ここは、話し手が聞き手に
向かって説明をしています。次の「呼ぶ」は体の向きが少し画面右に向
いています。ここから、聞き手に向かっての語りから、妻と私のやり取
りの場面の様子の語りに変わります。「妻／呼ぶ」と表現し、呼んだの

は妻だということですが、次にその手は、語り手の胸に当てられます。体の向きはそのままで、顔の表情はずっと痛そうです。目を閉じて寝ているのは私で、右手は妻の手を表しています。ここでは、「私」と「妻」がミックスされて表現されています。話し手の痛そうな顔は「妻」、揺すられている体は「私」のことを表現しています。この部分は話し手が誰かが入れ替わる途中で、同時に2役になっていて、かなりの高難易度の語りで、理解するのに難しいところです。「揺すられる」の手話の後に「生まれる／生まれる」と表現していますが、このとき話し手は「妻」になっています。そして、次に話し手の体の向きが妻がいる画面左方向に変わり、「言われる」という受動の手話を表現し、話し手は「私」になったので「慌てている」のは「私」です。

　静止している写真でも体の向きや表情の変化に気づくのは大変なのに、動いている手話の場合は、それらの変化は一瞬のことで、見落としてしまうかもしれません。この微妙な一瞬の変化を見落としてしまうと、場面の状況を思い浮かべて理解することができなくなってしまいます。

　この変化を見落とさないためには、まずは、体の向きや表情の変化によって、話し手が変わるという手話の文法を理解しておくことが大切です。そして、その変化を見落とさない目を養うということです。見落とさずに見ることができるか心配な人もいるかもしれません。ですが、文法を知って、それを意識して見ることができると、見えてきます。「知ること」「意識すること」が上達のポイントです。苦手意識を持たず、手話を見てみてください。

　さて、次は、これをどう日本語にするのかです。このような話の流れに沿った表現は、直訳せず（例えば「妻に体を揺すられ、妻は痛い、生まれる生まれると言い～」）、話のポイントをつかみ自然な日本語に翻訳することが大切です。

この手話は、妻か、私のどちらを主語にするかで、2つの読み取り方ができます。妻が主語の場合は「妻はもうすぐ生まれると、私を起こし

ました。」となり、私が主語の場合は「妻に、もうすぐ生まれると起こされました。」になります。

どちらの読み取り方にしても、主語と述語を間違わないように注意しましょう。

トレーニング 主語の変化

ゆっくりの1往復の会話の場合は、主語が変わったことがわかっても、テンポの速い何往復かの会話になると、主語が変わったことに気づきにくいかもしれません。

手話の語りの会話の部分を、体の向き、視線、指さしを意識して繰り返し見ましょう。主語の変化が理解できるようになれば、次は、その部分を声に出して読み取りましょう。

いろいろな人の手話の語りで練習しましょう。

5 「身のまわりの音」

問題文 ─────────────────────

①

②

（写真 堀場照美）

ポイント

　手話のスピード、リズムなど非手指動作の意味を的確につかみましょう。

日本語訳

①少し破（やぶ）る。
②一気に破（やぶ）る。

解説

①

紙　　　　　　　　　　少し破る

②

一気に破る（勢いよく破る）

　①は紙を少し破っています。手の動きだけでなく、口の形でもそのことを表現しています。②は勢いよく一気に破っています。口は強く結ばれ、手の動きは強く大きくなっています。

　手話の強さやスピード、口形には文法的な働きがあります。ここでは手話の強さや口形が、副詞的に働いています。

　次は、どのような日本語で読み取るかです。手話単語は「破る」だけですが、例えば、①は「少し破った」、②は「勢いよく破った」のように翻訳することができます。

トレーニング 声に出して練習

　同時通訳のときは、手話単語ではない手話の強さや口の形なども見落とさずに意味を理解し、適切な日本語に構成し、声に出さなければいけません。1つの動きにいろいろな意味が込

口の形と手の動き ── 勢いよく破った

められていて、それを瞬時に理解して、声に出して読み取らなければならないので、頭の中は忙しいですね。読取り通訳の流れの「見る」、「理解する」、「構成する」、「声に出す」というそれぞれの過程に時間がかかって、過程のどこかで詰まってしまうと、声に出すところまで行き着かなかったり、話し手の次の手話を見落としてしまいます。

　通訳練習は、「理解する」ところで終わってしまうのではなく「声に出す」ところまでを練習することが大切です。

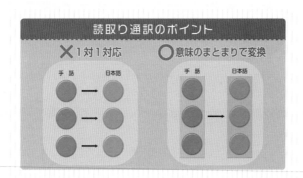

読取り通訳のポイント

✕ 1対1対応　　　○ 意味のまとまりで変換

手話　日本語　　　　手話　日本語

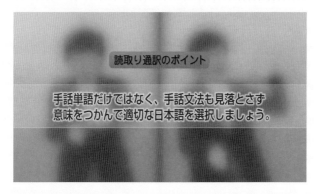

読取り通訳のポイント

手話単語だけではなく、手話文法も見落とさず
意味をつかんで適切な日本語を選択しましょう。

第2節 聞取り通訳

学習のポイント

　手話通訳士試験「聞取り通訳」の採点評価を参考に学習ポイントを整理すると以下のようになります。

聞取り通訳の流れ

① メッセージの受容
↓　聞き落さず、聞き間違えないようにしっかりメッセージを聞きます。
② メッセージの理解
↓　どのようなことを言っているのかを理解します。
③ メッセージの保持
↓　理解したことを忘れないように保持しながら
④ メッセージ再構成
↓　日本語を手話に構成しなおして
⑤ メッセージの表現
　　手話を表します。

正確さ	話の展開をつかんだ適切な翻訳	
技能	表現力	日本語の意味に合った適切な手話が選択できる。 適切な手話文法が使用できる。
	円滑性・速さ	手話として文がつながっていて大きな脱落がない。 手話のリズムや間の取り方が適切である。 視線、顔や体の表情などの文法的な活用がある。
	態度	伝えようとする態度。 表現が明確で見やすい。

「手話の基本文法」

1. 表情（顔や体の表情・強弱・速度を工夫して表現する）
2. 具体的表現　　3. 主語の明確化　　　　　　4. 空間の活用
5. 同時性　　　　6. 指の代理的表現（代名詞化）
7. 繰り返しの表現　8. 意味に合った手話

出典：『手話で学ぼう手話で話そう―手話奉仕員養成テキスト』社会福祉法人全国手話研修センター発行

活用方法

　録音して通訳練習をしましょう。

　録音するときには、文と文の間は、学習者の技術レベル、教材の情報量などを考慮し、1秒〜5秒の間で調整しましょう。読む速さにも気を付けましょう。あまりゆっくり過ぎずに句読点で調整しましょう。

　ここでは『DVD 手話通訳士試験合格への道』に収載した聞取り通訳5つの題材の解説を基本とし、手話の基本文法・評価項目に立ち返りながら、テキストのみでの学習も可能にするようコマ写真を使ってDVD冊子の解説に加筆をしました。ここで、自分の得意なこと、ちょっと苦手かなと思うことに気づいていくと思います。解説をくり返し読むことで理解を深めていきましょう。

　各題材の解説は、ブロックに分かれています。各ブロックの解説の内容を理解した後には、練習問題へと進み、手話文法を理解し、習得できたかを確認しましょう。

1 聞取り通訳
「男の子の子育て」

通訳場面

子育てサークルの通訳です。座談会のゲストの先輩ママが、3人の息子を育てている経験を話します。10人ほどの参加者の中に、聞こえない人もいます。

問題文

私の子どもは3人でみんな男の子です。夫の妹の子どもは5人でみんな女の子、親戚もみんな女の子なので、私たちの子どもも99パーセント女の子だと思っていました。でも、男の子ばかりでした。

男の子の子育ては、楽しいこともありますが、大変なことの連続です。中学校3年の次男のことです。私たちは共働きですが、両親が近くにいないので、夫婦2人でしっかり子育てをしなければいけないと思っていました。しかし、仕事が忙しく、息子の話をゆっくり聞く時間が持てないでいました。

そのうち、次男に学校のことを聞いても返事をしてくれなくなり、何か悩みでもあるのかと心配になりました。高校生の長男に、次男が何か悩んでいないかを聞いてほしいと頼むと、学校は楽しく行っているが、進路に悩んでいるということでした。男の子なのでまだまだ子どもっぽいところもある次男ですが、将来のことを真剣に悩んでいることを知り、それにも気が付いてあげることができずに、親としてとても反省しました。

三男はいたずら盛りの小学4年生で、悩みは言葉遣いです。この子も成長に伴いいろいろなことが出てくるのだと思います。子育てしながら親育ちもしているのだと受け止め奮闘中です。

1. 以下の評価項目に注意して、問題文を録音して聞取り通訳をしてみましょう。

1　正確さ

　私、長男、次男、三男と登場人物が複数いますが、誰の話題なのかをつかんで、通訳しましょう。

2　技能

(1) 表現力

以下の手話文法を駆使した表現をしましょう。

①手指の代理的活用や繰り返しの表現

②指さしや空間の活用

③主語と述語の関係をわかりやすく表現する

(2) 円滑性・速さ

　「みんな男の子」「みんな女の子」は手話特有のリズムで表現しましょう。接続助詞「（親戚もみんな女の子）なので」の後の間、「三男は（間）いたずら盛りの小学 4 年生で（間）悩みは（間）言葉遣いです。」など、適切な間は、見ていて、わかりやすくなります。文の終わり、話題の変化、主題の提示などを意識して、適切な間ができるよう注意しましょう。

(3) 態度

　登場人物が多く、位置を迷って手の動きがぶれないよう、落ち着いて表現できるよう注意しましょう。

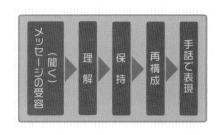

2. 解説

1　手話のリズム・指の代理的表現・繰り返しの表現

①私の子どもは3人でみんな男の子です。②夫の妹の子どもは5人で
みんな女の子、親戚もみんな女の子なので、私たちの子どもも99パー
セント女の子だと思っていました。

①②「私の子どもは3人」とい
うのが1つのかたまりです。次の
「みんな男の子です」も1つのか
たまりです。そして文全体が大き
なかたまりになり、指が子どもの
代名詞となります。

音声のリズムと手話のリズムは
違います。指の代理的表現と手話
のリズムに注意して一気に表現し
ます。

③（〜女の子だと思っていました。）でも、男の子ばかりでした。

「でも」と聞こえてきたときに、
「でも」の直前に、女の子だと
思っていたと言っているので、話
の展開を予測し「男の子ばかりで
した」を、①と同じ指の代理的表
現を使って「出産／男／3人の息

子」と表し、表情で想定外だったというメッセージを表します。

　聞取り通訳では、話の展開を意識した聞き方が大切です。1つひとつの文の表現を意識するだけではなく、前の文の内容を保持して、次の文も予測しながら表現しましょう。

> ④男の子の子育ては、楽しいこともありますが、大変なことの連続です。

　「男の子／育てる」と表しがちですが、3人の息子の子育てですから③で表出した指の代理的表現をそのまま活用し（3人の息子（写真87ページ）／子ども／育てる）と表現します。「大変なこと

の連続」は「大変」の手話を空間の右から左の時間軸に合わせて移動させながら繰り返しの表現をするとよいでしょう。

練習文

手話のリズム・指の代理的表現・繰り返しの表現に注意して練習しましょう。
①私は本屋でパートをしています。毎週土曜日・日曜日と週2で働いています。
②夫の趣味は自転車・登山・スキーです。
　どれもお金がかかるので大変です。

練習文表現例

①４週を左手４指で表現し、右手で「土曜／日曜」と表現した後、右手２指を左手４指の上から下に動かします。

左利きの場合は逆で表現できます。

②「自転車／１（左手１指の人さし指を右手でさす）／登山／２（左手２指の中指を右手でさす）／スキー／３（左手３指の薬指を右手でさす）」

代理的表現をした左手３指すべてを右手でさし、そのまま活用します。

2　適切な手話の選択

①夫の妹の子どもは５人でみんな女の子、親戚もみんな女の子なので、私たちの子どもも99パーセント女の子だと思っていました。

「親戚もみんな女の子なので」は前方空間に親戚を繰り返し表現することで複数を表します。

この「親戚」を表現した空間で「女の子」の手話を左から右に移動しながら表現することで、この親戚も、この親戚も、女の子であるという意味になります。この「空間の代理的表現」は、テンポよく表現することで、自然な手話のリズムになります。

親戚

みんな

女の子

「私たちの子どもも」は聞こえてきた通り「私たち／子ども」と表すことも間違いではありませんが、時の経過に沿って「結婚／出産」と表現する方法も覚えておきましょう。

---

　②私たちは共働きですが、両親が近くにいないので、夫婦２人でしっかり子育てをしなければいけないと思っていました。

　適切な手話の選択をしています。近くにいないことを、はじめは「近い」と「否定を表す首振り」とで表現し、次に、同じ意味のことを言い換えて「近い」の反対語の「遠い」と表現して、近くにいないことを強調（意味を限定）しています。このような否定を表す手話文法や、反対のことばを加えて表現する方法も知っておきましょう。

近い／首振り

「A」「否定」＋「B」（Aの反対語）

両親が近くにいない

---

　③男の子なのでまだまだ子どもっぽいところもある次男ですが、
　④三男はいたずら盛りの小学４年生で、悩みは言葉遣いです。

---

　③「子どもっぽい」は「成長／まだまだ」、④「言葉遣い」は「ことば／失礼」等、意味をとらえて適切な手話の選択をします。
　手話の選択をするときに、別の日本語で言い換えてみて、その日本語に合った手話を選択するという方法もあります。

瞬時に手話の選択ができる力を向上させるために、聞こえてきた日本語を瞬時に言い換える練習をしてみましょう。

子どもっぽいところがある

成長／まだまだ

言葉遣いが悪い

ことば／失礼

手話通訳技術の向上

練習文

　意味をつかんで適切な手話を選択しましょう。
①感想文を頼まれたが簡単ではない。
②みんなの意見を聞いたが同じ意見ではない。

練習文表現例

①簡単と表現してから首振りで難しいと表すことで簡単「ではない」と強調できます。さらに「時間がかかる」と加えて表現する方法も練習しましょう。

②「意外にもいろいろあった」と言い換えてみて、それに合った手話を選択することができます。日本語としては言っていませんが、話の流れから話し手の意図が読み取れる場合は、「へー」や「おもしろい」など感情を表す手話を加えて表現すると、話し手の意図がより伝わりやすくなる場合があります。話し手の意図をつかんで、必要な手話を補足できる練習もしましょう。

3 ロールシフト

①しかし、仕事が忙しく、息子の話をゆっくり聞く時間が持てないでいました。

「話をゆっくり聞く」は、「会話」をゆっくりと繰り返し表現します。手話のスピードで「ゆっくり」という意味になります。

「時間が持てない」は、「ゆっくり話をする。そういう時間が持てない」という意味ですね。「時間が持てない」だけをどう表現しようかと考えるのではなく、この1文を大きな意味のかたまりとして、手話の選択をしましょう。例えば「できない」という手話と表情で表すことができます。

②そのうち、次男に学校のことを聞いても返事をしてくれなくなり、何か悩みでもあるのかと心配になりました。

はじめは、語り手の視線で、通訳を見ている人に向けます。

次に視線を次男に向け「学校／どう？／楽しい？」と次男に話しかけます。「次男に学校のことを聞いても〜」は視線を正面に向けたまま、表現する方法も間違いではありませんが、視線を次男のいる空間に向けることで、次男との会話の様子を表現できます。

次に視線を次男に向けたままで

視線は正面（「語り手」の視線）

次男

「返事がない」と表現します。次男が私に返事をしないという2人の関係を、視線と手話の方向で表すことができます。そして視線は次男に向けられたままで「心配」と表現し、私が次男を心配してい

主語の明確化
（誰が誰に何をするのか）

● 空間活用（位置・方向）

● 視線、指さし

るという関係を視線と手話の位置・方向で表現することができます。

　最後に視線を正面に向け、語り手の視線にもどります。

　心配になったことを、通訳を見ている聞き手に説明します。

---

③高校生の長男に、次男が何か悩んでいないかを聞いてほしいと頼むと、学校は楽しく行っているが、進路に悩んでいるということでした。

---

　②と③の文のつなぎでは表情が大切です。③の表現のはじめに「そうだ！」という表情をします。この表情の変化で、長男に聞いてみようと思いついたことを表現します。

　そして視線は長男に向け、私と長男の会話であることを表します。長男の位置（画面左空間）から、次男の方向（画面右）に向かって「聞く」と表現し、長男と

話をしていること、長男が次男に聞くことを表現します。

　次に少し間をおき、私が長男から聞いたセリフと、それに対する「私」の相づちを表現し、会話の様子を再現するように表現します。

そして、はじめに次男を表した空間を指さし、進路に悩んでいるのは次男であることを表現します。

　私、長男、次男の位置や関係を空間、視線、指さしを活用しながら手話を構成していきます。

　聞取り通訳では、聞こえてきた単語をただ順番に表現していくのではなく、それぞれの登場人物はどこにいるのか、誰が誰に何をするのかを意識しながら聞き、空間や視線、指さしや表情の変化などで表現していくことが大切です。

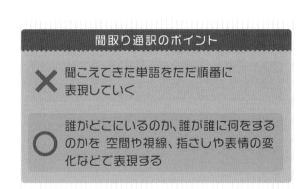

　会話文になっていない文も、会話をしているようにロールシフトを使った表現ができるように練習しましょう。登場人物の会話の様子を表すロールシフトには、体の向き、視線の変化があるものと、③の表現例のように、体の向き、視線を変えずに話し手の発言を表現するものとがあります。いろいろなパターンの表現ができるように練習しましょう。

　　　練習文

　空間、視線、指さし、体の向きなどを使い、登場人物の会話の様子を表すロールシフトの練習をしましょう。
①買い物を夫に頼もうと、娘に夫の日曜日の予定を確認させると、予定はなく読書だけ、とのことでした。
②「お茶が欲しいな」と頼むと、自分で（いれに）行ったらいいと言われた。

練習文表現例

①娘に視線を向け「私と娘の会話」であることを表現し、娘から夫の方向に「聞く」と表現。少し間をおき、相づちをうちながら「予定はない・読書だけ」と娘から聞いた内容を、会話を再現するように表現します。

②視線と体を、頼む人に向けて、「お茶・ほしい」と表現。次に体の向きは変えずに、人の話を聞くように少し前かがみになり、「自分で行ったらいい」と言うのを聞いている表情に変わります。最後に語り手の表情になり、身体は前かがみから姿勢を戻し、視線は正面に向き、「言われた」という受け身の表現をします。会話をしているように、姿勢、表情、視線を適切に使って表現します。

4　間とうなずき

①夫の妹の子どもは 5 人でみんな女の子、親戚もみんな女の子なので、私たちの子どもも 99 パーセント女の子だと思っていました。

接続助詞「なので」は「みんな／女」の後に間を作り表現するとよいでしょう。

②（次男は〜。）三男はいたずら盛りの小学 4 年生で、悩みは言葉遣いです。

次男から三男の話に変わります。「いたずら盛り」は手話だけでなく、表情でも表します。

※「三男／悪い／悪い／遊ぶ／遊ぶ／小 4 ／間・うなずき」。

最後の「間」とうなずきで文の終わり（「4年生です」）を表します。

「悩みは言葉遣いです」は「悩み／（間・うなずき）／ことば／失礼」と表現します。「悩み」の後の間とうなずきは主語と述語を結ぶ働きがあります。

「ことば／失礼」の後に間を作り、うなずきます。この間とうなずきで、文の終わりを表します。手話の間、うなずき、表情の変化、手話の緩急などで、主語と述語、文の終わりを表しましょう。

間・うなずき…文の終わり

③この子も成長に伴いいろいろなことが出てくるのだと思います。

※「成長／起こる／起こる／間・うなずき」

「成長」の「時の流れ」を縦軸に合わせ「起こる」を繰り返し表すことで「いろいろなことが出てくる」を表現できます。最後の間とうなずきで、文の終わりを表します。

練習文

　間、うなずきで、主語・述語の関係、文末であることを表現しましょう。
①中1の息子は野球ばかりで勉強をしないので心配です。
②私の母は高校の先生で教科は数学です。

練習文表現例

①「息子／中1／（間・うなずき）／野球／野球／集中／（間）／勉強／放る／（間）／心配／（うなずき）

②間とうなずきで主語と述語を結び、うなずきで文の終わりを表します。
「私／母／（間・うなずき）／高校／先生／（間）／教科／（間）／数学／（間）」

2 「手話言語法制定運動」

通訳場面

　手話サークルでの行事報告の通訳です。テーマは「手話言語法制定運動」です。聞こえない人も数名参加しています。

問題文

　先日、私は、ろう者協会会員向け手話言語法制定運動の勉強会に参加してきました。勉強会は盛況で、会場は立ち見も出るほどでした。その勉強会で私が深く印象に残ったお話を２点紹介します。

　１つ目は、ある市役所が身体障害者手帳を所持している聴覚障害児者の全数調査を実施した結果でした。調査の結果わかったことは、聴覚障害者の抱えている生活課題が「単にコミュニケーション障害ということではすまされない。」「コミュニケーションさえうまく通じるように援助されればそれで解決ということではなく、コミュニケーション問題を当然含みながら、聴覚障害者も聴者同様それ以上に種々の問題に生活課題があり、広がりがあることがわかった。」という報告です。

　２つ目は、手話言語法の制定を求める意見書を、2016年栃木県芳賀（はが）町議会が採択したことで47都道府県、東京都23区、1,718市町村すべての自治体が採択したことです。これは画期的なことだということです。また、2017年、福岡県知事が「手話を広める知事の会」に入会し、すべての都道府県知事が加入したということです。さらに、2019年現在、手話言語市区長会に557の市区長が加入していると聞いてびっくりしました。

　こんなに手話言語法の制定を求める声があるのにどうしてできないのか不思議でたまりません。

1. 以下の評価項目に注意して、問題文を録音して聞取り通訳をしてみましょう。

1　正確さ

「〜調査の結果、わかったことは〜」「これは画期的なこと〜」「加入していると聞いてびっくりしました。」「〜手話言語法の制定を求める声があるのに〜不思議でたまりません。」など、話し手の主張や考え、態度をつかみ、それがしっかり伝わるように注意して通訳しましょう。

2　技能

（1）表現力

「単にコミュニケーション障害ということではすまされない。」の表現のように、聞こえてきた日本語を順番に手話単語に置き換えるのではなく、全体として意味をつかんで手話を選択し、指さしや空間活用（コミュニケーション／障害／これ／他／ある／ある／ある）などの手話文法を駆使して、表現するよう注意しましょう。

主語と述語の関係をわかりやすく、手指活用・指さし・空間活用等手話の基本文法を活用しましょう。

（2）円滑性・速さ

法律名、地域名、数字など、聞き洩らさずに、話のスピードについていけるよう、かつ手話が流れないよう、はっきり、ていねいに表現するよう注意しましょう。文と文の「間」も意識しましょう。

（3）態度

固有名詞や数字が多い話の通訳は、表出する手話単語も多くなります。聞いたことを保持する力がついてくると、落ち着いた態度で通訳できるようになります。適切な手話の間ができるよう注意しましょう。

相手の主張や考え方をしっかりつかみ、私のこと、報告書のこと、客観的な状況であることなどがわかるように表現しましょう。

1　主語と述語を近づけて短文を作る／視線

①先日、私は、ろう者協会会員向け手話言語法制定運動の勉強会に参加してきました。

日本語の1文に単語がたくさんあると、主語と述語の関係がわかりにくくなります。聞取り通訳をする場合、主語と述語を近づけて、「何がどうした」「誰がどうした」という短い文を作りながら表現していくと、見てわかりやすくなります。

「ろう者協会会員向け手話言語法制定運動の勉強会に参加してきました。」について説明します。

「ろう者協会会員向け」と聞こえてくると「〜向け」を「対象」という手話を選択する場合もありますが、意味をとらえてここまでを1つの文にして、「ろう者協会会員＋集まる」と表現します。（写真①）

次に「手話言語法制定運動の勉強会に参加してきました。」も2つの短文に分けて、「手話言語法制定運動の勉強会があった。」（写真②）＋「そこに、参加した。」（写真③）と表現します。

この表現のもう1つのポイントが視線です。はじめに視線は「勉強

会」の方向に向き、その位置を指さし、次に「参加」の手話を表現します。視線によって「私」と「勉強会」とがつながり、「私」と「参加する」がつながり、「私」「勉強会」「参加」が1つのまとまりとしてそれぞれの関係がわかります。

　言い換えると、視線が正面に向いたまま「参加」と表現すると、「私」「勉強会」「参加する」が切り離されてしまい、手話通訳を見ている聞こえない人が頭の中で、手話の文に組み立てなおさなければいけなくなります。

　主語と述語を近づけて短い文にすること、また「私は勉強会に参加した」ということを1つのまとまりとして意識して聞き、視線によって、見てわかりやすくなるよう表現しましょう。

---

②その勉強会で私が深く印象に残ったお話を2点紹介します。

※「そのとき、話を聞いた」＋
「はじめて知った（なるほど）」
＋「2つある」
「印象に残った話」を「はじめて知った」と表現することも覚えておきましょう。

練習文

　主語と述語を近づけて短文を作る・視線に注意して練習しましょう。
①高齢者対象のスマートフォンの使い方の説明会に参加しました。

　視線に注意して実際の状況を思い浮かべるようにイメージして表現しましょう。

②掃除をしていて箪笥の上の段ボールに気がつき、見てみると子どもたちが幼稚園のときに描いた絵が入っていました。夫の顔です。裏に、「お父さんの顔」と書いてありました。

練習文表現例

①高齢者対象を「高齢者＋集まる」と表現し、「スマートフォンの説明会があった＋そこに参加した」と２つの短文にして表現してみましょう。そして、視線は、「説明会があった」のところに向けます。自然なリズムで表現できるよう繰り返し練習しましょう。

②箪笥の上に視線を移し、段ボールを下におろし開ける、覗き込む、段ボールから絵を取り出す、夫の顔の絵を見る、画用紙を裏返すの一連の動きを視線に注意して練習しましょう。

2　意味をとらえて適切な手話を選択する

①勉強会は盛況で、会場は立ち見も出るほどでした。

「立ち見が出る」と聞こえると、「立つ／立つ／見る」と表現しそうになりますが、聞こえてきたことをすぐに手話に変えようとせず、まずはしっかり「理解」し、会場の様子を思い浮かべてみましょう。会場には座席があり、そこがいっぱいになり、立っている人もいることが思い浮かびましたか。会場の様子が「理解」できると、次は「適切な手話の選択・構成」です。立ち見が出て混雑している様子を、「立つ」の手話だけでなく、「座る／座る…」「立つ／立つ／見た」と表現しましょう。「立つ」の手話だけでも間違いではありませんが、聞取り通訳過程の中の「メッセージの理解」では、単語の意味の理解のレベルではなく、様子を思い浮かべることができるレベルの理解ができることで、見てわか

りやすい豊かな表現につながります。

練習文

意味をとらえて適切な手話を選択しましょう。
①連日の満員御礼で、映画館は立ち見が出るほどでした。
②コミュニケーション問題を当然含みながら……（98 ページの問題
　文 8 行目より）

練習文表現例

① 102 ページの解説を参考に、映画館の状況を思い描いて、「座る／
　座る／混む（両手甲を合わせて正面でまわす）／立つ／立つ／見る」
　と表現します。
②「コミュニケーション問題／他／ある／ある」
　次の「3 手指の活用／空間活用／指さし」の③の解説を参照してく
　ださい。

3　手指の活用／空間活用／指さし

①1 つ目は、ある市役所が身体障害者手帳を所持している聴覚障害児者
　の全数調査を実施した結果でした。

「1 つ目」は、手指の 1 つ目を
さして表現します。「1 つ目」の
次には「2 つ目」の話があること
を予測しておくことが大切です。

②調査の結果わかったことは、聴覚障害者の抱えている生活課題が「単にコミュニケーション障害ということではすまされない。」

「単にコミュニケーション障害ということではすまされない。」と聞こえてきたときに、すぐに手話に変えようとせず、まずは意味をしっかりつかみましょう。これは「コミュニケーション障害」と「コミュニケーション障害の他」の両方があるという意味です。

意味がつかめた（理解できた）ところで、次は手話の選択です。両方の課題を左右の空間を活用して表現しましょう。左側に「コミュニケーション障害」、右側に「～ということではすまされない」を表します。

この「～ということではすまされない」は意味をつかんで「他にも課題がある」（「／これ／他／ある／（位置を右にずらして）ある／（さらに位置を右にずらして）ある）」と表現します。

他の課題

③「コミュニケーションさえうまく通じるように援助されればそれで解決ということではなく、コミュニケーション問題を当然含みながら、聴覚障害者も聴者同様それ以上に種々の問題に生活課題があり、広がりがあることがわかった。」という報告です。

ここは、前の文（②）で表現した左右の空間を活用します。「コミュニケーション問題」を左空間に、「種々の生活課題」を右空間に表現し、この2つを援助していくことが必要」と組み立てて表現してみましょう。

前の文で表現した左右の空間を活用するためには、話の展開を意識

（記憶）できていなければなりません。聞取り通訳をするときは、聞こえてきた単語、また、その文に意識を向けるだけではなく、文の前後を意識することが大切です。

　ここで、否定の首振りについても説明しておきます。「コミュニケーションさえうまく通じるように援助されればそれで解決ということではなく」の「～ではなく」を「違う」という手話で表現する

首振り

ることもありますが、首振りで表現することもできます。
　「コミュニケーション（左側)」／通じる／援助／終わる／（否定の首振り）／」の首振りのような非手指動作も活用した表現も習得しましょう。

　次に「コミュニケーション問題を当然含みながら」を聞いたときに、この文の「～含みながら」とその前の一文から「コミュニケーション以外にも問題がある」という意味であることをつかんで、手話の選択・構成をしていきます。
　「これ（コミュニケーション）／他／（右空間の指さし）／（少し右にずらして指さし）／（さらに右にずらして指さし）」のような表現になります。右空間で指さしをしますが、指さしを移動させながら反復表現することで、問題が複数あることを表します。

コミュニ
ケーション

コミ以外

そして、「聴覚障害者も聴者同様それ以上に種々の問題に生活課題があり」も聞こえてきた単語を順番に表出するだけではなく、話の流れから、頭の中で、聞こえてきた単語と単語の関係を整理しながら聞き、意味を理解していきます。

「この／問題（コミ以外）／聴者／同じ／生活課題／あるある／」と右空間で表現します。

「広がりがある（ことがわかった。）」は、右空間で表した「生活課題」と左空間の「コミュニケーション問題」を指さします。この部分を、さらに大きな意味のまとまりの表現にする場合は、上記の2つの　　　　を指さし、「一緒に解決していく必要」と表現します。そして「（広がりがあることが）わかった。）」の表現は、「わかった」のは学習会で報告をしている人なので、その人を指さします。

左右の空間を活用し、指さしで再活用する練習をしましょう。
①働き方は本業だけということではなく、副業を認める企業が増加している。ある調査によると本業で働きながら副業をしている人は409万人いると推定される。
②厚生労働省は昨秋、副業をする際、本業と副業で働く時間を合算したうえで労働時間の規制の対象とする運用指針を示した。

練習文表現例

①「働き方／間／本業（右空間）／貫く／違う（首振り）／副業（左空間）
　／（右空間左空間を指さす）／２つを合わせる／かまわない／会社
　／それ（左空間）／それ（右空間）／増える／ある／調査／それ／
　409万人／推定」

②「厚生労働省／これ（右上空間の指さし）／昨年／秋／これ（左空
　間の指さし）／これ（右空間の指さし）／時間／積む（左手Cに右
　手Cを乗せる）／これ／労働時間／なる／（間）／これ（右上空間
　の指さし）／示される（右上空間から）／運営指針」

4【固有名詞／数字】

> 　２つ目は、手話言語法の制定を求める意見書を、2016年栃木県芳賀
> （はが）町議会が採択したことで47都道府県、東京都23区、1,718市
> 町村すべての自治体が採択したことです。
> 　また、2017年、福岡県知事が「手話を広める知事の会」に入会し、
> すべての都道府県知事が加入したということです。さらに、2019年現
> 在手話言語市区長会に557の市区長が加入していると聞いてびっくり
> しました。

　固有名詞・数字などが多い「情報量の多い通訳」について説明します。

　この文章は固有名詞や数字がたくさん出てきます。あわてて、あいまいに表現してしまうと、見ている人にはわかりません。もらさず、しかし１つひとつ、ていねいに表現することが大切です。そのためには通訳過程のそれぞれのところ（メッセージの受容（聞く）→理解→保持→再構成→手話で表現）で、処理のスピードが求められます。

再構成のところで、手話を思いだすのに時間がかかってしまったり、手話表現の前に、しっかり聞きだめることができなければ、もらさずに、正しく、はっきりと通訳することはできません。

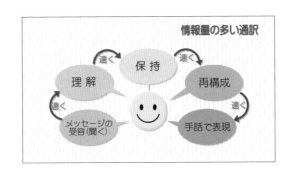

固有名詞・数字などが多い「情報量の多い通訳」は、知識があることで手話通訳がしやすくなる場合があります。

法律の施行年や聴覚障害者にとっての情報保障等に関する知識や社会の変化を常に意識しておきましょう。そのことが、正式名称が聞こえてきたときにあわてずに落ち着いて聞いたり、聞きだめることにつながります。

常に、社会の「今」に関心を持つことが必要です。

数字や固有名詞をもらさず、かつていねいに表現しましょう。

1989年手話通訳士試験が開始され、1995年の参議院議員選挙の比例代表選出議員選挙にはじめて手話通訳が導入されました。翌年の1996年衆議院議員選挙の小選挙区選出選挙では政党持ち込みビデオに手話通訳が導入されました。その後、手話通訳士の増加に伴い2009年参議院議員選挙小選挙区選出選挙に手話通訳が導入され、2011年統一地方選挙知事選挙にも導入されました。

また、2013年衆議院議員選挙小選挙区選挙では字幕の挿入が実現しました。そして、2019年参議院議員選挙の選挙区選挙に手話通訳が導入され全ての国政選挙及び統一地方選挙に手話通訳が導入されました。

　2009 年参議院議員選挙小選挙区選出選挙に手話通訳が導入され、2011 年統一地方選挙知事選挙にも導入されました。

表現例 1

　「2009 年／参議院議員選挙／小選挙区選出選挙／手話通訳／導入／（間）／2011 年／統一地方選挙知事選挙／これ（指さし）／手話通訳／導入」

　※「［年数］／［事柄］／（間）／」を意識して表現しましょう。

表現例 2

　「2009 年／参議院議員選挙／小選挙区選出選挙（右空間）／手話通訳／導入／（間）／2011 年／統一地方選挙知事選挙（左空間）／これ（指さし）／手話通訳／導入」

　「年数／事柄／間／年数／事柄／間／」のように、数字とそれに関連する内容が 1 つの小さなまとまりになるよう表現し、間をとって、次の、「／年数／事柄／」につなげていきましょう。表現が少しずつ遅れて適切な「間」がなくなると、事柄と年数の組み合わせが間違った表現になってしまいます。それでも、数字と事柄が表現できていることで間違いに気づかずにいることもあります。適切な間を取るよう気をつけましょう。

　数字の対比　増減に気をつけましょう。

①携帯電話料金が 1980 円に値下げされました。

②携帯電話料金が 1980 円値下げされました。

①「携帯電話料金／値下げ／ 1980 円」

②「携帯電話料金／左手「金」／（左手を残したまま右手で） 1980 円／値下げ（右手「金」を左手の高さから下げる）」

留意点

　数字が聞こえてきたら、その後に聞こえてくる数字が増減するのか、増減してその数字になるのかをしっかり聞き分けて手話の語順に気をつけましょう。

　数字を言いきっているのか、「約、程度」と言っているのかも正しく表現しましょう。

　また、桁数の多い数字の末尾を聞き漏らしたときには、最後に指を折る「いくつ・いくつ」という表現でなんらかの数字を言っていることを表現して文を完結させましょう。

5　正確さ 話し手の主張や考えをつかむ

> こんなに手話言語法の制定を求める声があるのにどうしてできないのか不思議でたまりません。

　話し手の主張や考え、態度をつかみ、それがしっかり伝わるように注意して通訳しましょう。私の考えは肯定しているのか、否定しているのか、推測しているのか、私の意見でなく報告書に書かれていることなのかなどがしっかり伝わるようにしましょう。

　これは、自分の意見なので「不思議／私」と表現します。

　他に「〜調査の結果、わかったことは〜という報告です。」の「わかった」という場合も注意しましょう。「わかった」のは、「私がわかった」のではありません。「調査の結果で示されたこと」という意味なの

で間違わないように表現しましょう。

練習文

誰の意見か、話し手の考えはどうなのかなどに注意しましょう。
①これは画期的なことだということです。
②加入していると聞いてびっくりしました。

練習文表現例

①「これ／画期的／報告される（＝学習会で聞いたこと）」
②「加入／（間）／びっくりした（＝私の感想)」

3 「子どもがかけた鍵」

通訳場面

　企業の懇親会の通訳です。"困った出来事"というテーマトークで、前に出た参加者が話しはじめました。会場には聞こえない社員が数人います。

問題文

　私には娘が2人。長女が5歳、次女が1歳のときのことです。その日は天気が良く、長女は外に遊びに行き、私はベランダで布団を干していました。そのとき、誤ってタオルケットを下に落としてしまいました。私が住んでいるのは団地の5階です。次女は部屋で遊んでいて、すぐ戻るので鍵をかけずに慌てて取りに行きました。ところが、部屋に戻ると扉が開きません。何でだろうと思い、ドアポストから部屋を覗いてみると、次女の足が見えました。次女が誤って鍵をかけてしまったようです。ドアポストから「開けてー」と呼びましたがダメでした。次女は大声で泣いているばかり。

　私は頭が真っ白になってしまい、仲のいい隣の家の人に助けを求めてインターホンを鳴らしましたが不在でした。階下に班長さんが住んでいるのを思い出し、とんでいき事情を話しました。班長さんから部屋の前に戻っているよう言われ、待っている間もドアポストから次女に呼びかけましたが鍵は開きませんでした。

　しばらくして班長さんが来て、消防車を呼んだと言われました。あらぁと思っていたところに、隣の人が帰ってきました。事情を説明すると、彼女はベランダを乗り越えて私の家に入って中から鍵を開けてくれました。私は大泣きしていた次女を抱きしめ、ホッとしました。

　しばらくして、消防の人がやって来て、鍵を開けることができたことを伝えると、始末書を書くように言われました。氏名、住所、鍵がかかった理由等を書きました。下には大勢の野次馬が集まっていて、とても恥ずかしかったです。

1. 以下の評価項目に注意して、問題文を録音して聞取り通訳
をしてみましょう。

1　正確さ

　場面が次々と変わっていきます。日本語では言われていなくても、物
事の発生順に必要な手話を補足して場面の変化がはっきりわかるように
表現しましょう。

2　技能

(1) 表現力

　指の代理詞的表現、ロールシフトによる主語の明確化のように手話文
法を駆使して表現しましょう。

(2) 円滑性・速さ

　場面の変化がわかるように、省略されている日本語について手話の補
足をし、場面の変化をテンポよく表現しましょう。

(3) 態度

　個々の単語を手話に変換するのではなく、その場面に自分がいて、そ
の様子を再現するように表現しましょう。

2. 解説

1　指・空間の代理詞的表現

> ①私には娘が2人。長女が5歳、次女が1歳のときのことです。

　「～長女が」と聞こえてくると、「長女」の手話（左手人さし指の位置
から右手小指を出す）の手話単語を表現してしまうかもしれませんが、

ここは、手話文法のなかの指の代理詞的表現を使います。

　文と文を別々に理解していると、代理詞的表現はできません。次の文を予測しながら、また前の文を保持しながら聞き、手話を

選択・構成していきましょう。「私／娘／2人」（私には娘が2人）を表現し、「長女が」と聞こえてきた時に、瞬時に、2人の娘を表した2指を代理詞的に使い、「これ（2指の人さし指をさす）／5歳／これ（2指の中指をさす）／1歳／時」と表現します。

---

②（階下に班長さんが住んでいるのを思い出し、とんでいき事情を話しました。〜。）しばらくして班長さんが来て、消防車を呼んだと言われました。

　ここでも文と文を別々に理解せず、話の展開を保持しながら、今、聞こえてきた文の内容を理解します。

　そして、手話を選択・構成するときには、前の文で使った空間を使い、空間の代理詞的表現をします。「班長が来て」というのが聞こえてきたときに、話の流れから、班長の部屋は階下なので、「来て」の手話の動きは下から上になります。

練習文

　一度表現した手話単語や空間を記憶し、指や空間の代理詞的表現を練習しましょう。
①妹には<u>息子が3人</u>います。<u>次男</u>は部屋で遊んでいました。<u>長男</u>と<u>三男</u>は外にいました。

②今年度の手話講習会の会場はＡとＢ、２つあります。第１・３週は
　Ａ会場、第２・４週はＢ会場です。

①妹／息子／３人／（間）／次男（左手の人さし指、中指、薬指の３
　指を出し中指をさす）／部屋（視線は「部屋」の空間）／長男（左
　手３指の人さし指、中指、薬指の人さし指をさす）／三男（左手３
　指の人さし指、中指、薬指の薬指をさす）／外（複数は「外」の空
　間）／（視線を正面に戻す）

②「Ａ／Ｂ／場所（左右に作る）／（左手４指の人さし指、薬指をさす）
　／Ａ（会場をさす）／（左手４指の中指、小指をさす）／Ｂ（会場
　をさす）」

2　体と指を使った表現

（～ベランダで布団を干していました。）そのとき、誤ってタオルケッ
トを下に落としてしまいました。

　「誤って」と聞こえてくると、すぐに「間違う」と手話単語を表現し
たくなるかもしれませんが、まずは様子を思い浮かべながら聞いていき
ます。

　しっかり聞いて、内容を理解（様子を思い浮かべることが）できた
ら、次は手話の選択と構成、そして表出です。ここでのポイントは、登
場人物になった状況の再現と、手指で手すりとタオルケットを写像的に
表現することを組み合わせた表現です。左手でベランダの手すり、右手
でタオルケットを表現し、「タオルケットが落ちたこと」を右手を下に
動かして表現します。このとき、表現者自身がベランダで布団を干して

いるつもりで、「誤って落とした
こと」を、びっくりした表情と、
落ちていくタオルケットを目で追
うことで表現します。

体や指を使って表現してみましょう。
①扉の陰からこっそりのぞきました。
②私は塀を乗り越えた時、転んで右肩を打ちました。

練習文表現例

①左手のひらを正面に向け（扉）、右手人さし指を左手甲の人さし指
　の手前に置き（人）、右手指先を少し右に向け（のぞいている様子）、
　表現者ものぞくように顔を少し右に傾けます。

②私／塀（左手指先を右に、甲は正面に向ける）／乗り越える（右手
　２指を左手の内側から外に移動させる）／転ぶ（右手２指を倒す）
　／転ぶ（表現者は右に傾く）／打つ（左手を右肩に当てる・顔は痛
　そうに）

3　時間の流れに沿った表現、手話の補足

①階下に班長さんが住んでいるのを思い出し、とんでいき②事情を話し
ました。

　聞取り通訳で、時間の流れに沿った表現ができるためには、話の流れ
を理解し、そのときの様子を思い浮かべながら聞くことが大切です。ま

た、場面の変化がわかる
ように、手話を補足しな
がらテンポよく表現しま
しょう。

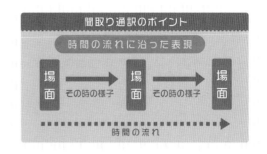

①「階下に班長さんが
住んでいるのを思い出
し」を聞いたときに、手
話単語を表現する前に、この場面の様子を思い浮かべましょう。班長が
頭に浮かんだことを「あっ、そうだ」という表情で表現します。「あっ
（思い出した表情）／階下／班長／いる／うん（行こうと決めたことを
うなずきと表情で表現）／とんでいく（下に２指を速く動かす）」と表
現します。「とんでいく」は手話のスピードで速く行ったこと、また手
話の方向で階下に行ったことを表現します。

②話の流れから想像できますので、「班長に事情を話す」の前に、「呼
び鈴を押す」表現と、班長が出てきて話はじめる「うなずき」を補足し
ます。

③〜消防の人がやって来て、鍵を開けることができたことを伝えると、
　始末書を書くように言われました。氏名、住所、鍵がかかった理由等
　を書きました。

③手元の始末書を見ながら記入
している様子を表現しましょう。
また、話の流れから始末書を消防
の人に渡したことがわかりますの
で、消防の人に始末書を「渡し
た」とは言っていませんが、「渡

す」を補足することで一連の出来事が一段落したことが伝わります。

　聞取り通訳では、時間の流れに沿って何が起きているのか、そのとき
の様子を瞬時に思い浮かべて通訳しなければなりません。1つひとつの
単語をすぐに手話に変えようとしてしまっている人は、同時通訳練習の
前に、しっかり聞いて、内容をつかむ練習をしましょう。まず、話を聞
いてその場面の様子を思い浮かべましょう。一連の時間の流れのなか
で、日本語としては言われていないことも思い浮かびましたか（②班長
さんのことを思い出した→階下に行った→呼び鈴を押した→班長が出て
きた→話しはじめた）。

　聞いて、瞬時に様子を思い浮かべられるようになったら、次は同時通
訳の練習です。同時通訳の場合は、「聞く→内容をつかむ（様子を思い
浮かべる）」ことがすぐにできるようになっても、「手話の選択・構成→
表出」がスピーディーにできない場合は、句点で少し長めに間を取って
録音し（「階下に班長さんが住んでいるのを思い出し（間）とんでいき
（間）事情を話しました。」）同時通訳の練習をしましょう。句点のとこ
ろで間がありますが、全体として自然なリズムになるように注意して練
習しましょう。

練習文

　手話表現のスピードを工夫したり、相づちを入れながら、状況が伝
わるよう練習しましょう。
①昨日は午後から急に寒くなりました。ふと外を見ると雪が降ってい
　ました。
②学校からの帰り道、突然の雨に降られました。朝、母に傘を持って
　行くように言われたので濡れずにすみました。

練習文表現例

①「温度が下がる（素早く表現）／寒い／（外を見ながら）雪が降る
　／へぇ」

②「母／（呼びかけ）／傘／持つ／良い／（体の向きを変える）／わかっ
　た／持つ／出かける」

4 聞取り通訳「乗り物でのできごと」

通訳場面

　自治体が開催するユニバーサルデザインイベントでの舞台通訳です。司会者が交通機関での経験を話します。客席には数人の聞こえない人がいます。

問題文

　先日、風邪をひき声が出なくなりましたが1泊2日の出張に出かけました。そのときのことを話します。バスに乗りましたが、改めて知ったことがありました。私の地域のバスと出張先では乗り方が違いました。私はいつもバスを降りるときに料金を払いますが、その地域では乗るときに料金を払うのです。私はそのことを知らなくて、運転手の横を通り過ぎたとき、すぐに呼びとめられました。

　もう1つの出来事は、モノレールに乗ったときのことです。ICカードを落としてしまい、自動改札機を通れなくなってしまいました。平日の昼間だったので改札口に駅員がおらず、どうしようかと困っていたとき、若い男性が来たので、彼に筆談でお願いをしました。インターホンで駅員さんに事情を話してもらうと、住所、氏名、電話番号が必要と聞こえてきたので、メモに書き、駅員さんに伝えてもらいました。その後、ようやく改札口を出ることができました。

1. 以下の評価項目に注意して、問題文を録音して聞取り通訳をしてみましょう。

1 正確さ

　ロールシフトで登場人物になった視線と、視線を正面に向けた語り手としての視線とを使い分け、表現すると、話の展開がわかりやすくなります。視線の使い分けに注意しましょう。

2 技能

（1）表現力

　話の内容を説明的に表現する通訳の方法もありますが、状況を再現するように手話文法のなかのロールシフトを使っての表現もできるようにしましょう。

（2）円滑性・速さ

　「運転手の横を通り過ぎたとき、すぐに呼びとめられました。」は、「すぐに」を手話の表出の間の短さで表現、「IC カードを落としてしまい、自動改札機を通れなくなってしまいました。」はフラップドアに勢いよくぶつかる手話の勢いで表現できるよう、手話のリズムに注意しましょう。

（3）態度

　ロールシフト表現は、その場面を充分イメージできていなければ、視線が不自然になってしまいます。場面をじっくりイメージしましょう。

2．解説

1　手話の強弱とリズム／空間活用

> ①先日、風邪をひき声が出なくなりましたが1泊2日の出張に出かけました。そのときのことを話します。バスに乗りましたが、改めて知ったことがありました。

　「声が出なくなりました」は、強く、小さい表現、また表情で、声の出にくさを表すことができます。

聞取り通訳のときには、適切な手話の選択だけではなく、それを意味に合わせて、手話の大きさや強弱も適切に表現することが大切です。

　写真の両手首を離すこの手話は「できない」という意味ですが、自由にならない、思うようにならないというニュアンスの手話です。強く、小さい表現、また表情で、声の出にくさを表現しています。手話単語の選択だけではなく、意味に合った表現になるように手話の強弱、大きさなどにも注意しましょう。

---

　②私の地域のバスと出張先では乗り方が違いました。③私はいつもバスを降りるときに料金を払いますが、その地域では乗るときに料金を払うのです。

　「私の地域と出張先では」と聞こえてきたときに、比較をしていることをつかみ、「私の地域」と「出張先」の空間を分けて表現します。

私の地域　　出張先

　次に③の内容が聞こえてきて、内容を理解するときは、②と同様に「いつも（私の地域）」と「その地域（出張先）」とを比較していることをつかみ、②で使った空間を代理詞的に活用し指さします。

　②と③の文を別のものとして理解して表現するのではなく、大きなまとまりとして、表現できる聞き方ができるようになりましょう。

---

　④私はそのことを知らなくて、運転手の横を通り過ぎたとき、すぐに呼びとめられました。

「運転手の横を通り過ぎたとき、すぐに呼びとめられました。」は、左手の親指は運転手、右手の人さし指は私です。手招きしているのも、「待って」と言っているのも運転手です。

この表現のポイントは、手話のリズムと状況の再現です。

情景描写・心理描写の聞取り通訳の場合は、人や場所の様子を思い浮かべて、それを再現するように通訳することが大切です。指や体の向きで「誰が、誰に」を表現しましょう。

そして、最後は語り手の視線になって正面を向きます。

練習文

手話の強弱とリズム・空間活用の表現に注意して練習しましょう。
①お金が足りなくて、購入できませんでした。
②岡山県から東京都に引っ越してきました。以前はバス通学でしたが、今は電車を利用しています。

練習文表現例

①「お金／不足／（間）／買う（小さく表現）／できない（小さく強く表現）」のように手話の強弱・リズムに注意して表現してみましょう。
②日本語を聞いた時に、空間活用ができることに気づくことが大切です。また、はじめの文で使った空間を、次の文で代名詞的に使えるよう、話の展開や前後のつながりを意識した聞き方をしましょう。

2　状況の再現／手話の補足

> ①もう1つの出来事は、モノレールに乗ったときのことです。ICカードを落としてしまい、自動改札機を通れなくなってしまいました。

　「ICカードを落としてしまい」と聞こえてきたときに、客観的に説明をするように表現するのか、状況を再現するように表現するのかを瞬時に判断しましょう。ここでは状況を再現する表現につ

情景描写・心理描写
自動改札機
意図せず通れなかった様子

いて説明します。「ICカード／落ちる（視線は進行方向）／歩く」のように視線で、ICカードを落としたのに気づかずに歩いている様子を表します。
　そして「自動改札機を通れなくなってしまいました。」と聞こえたときに、様子を思い浮かべて、意図せずゲートの先に行けなかったことを、ゲートにあたる手話の勢いで表現しましょう。

> ②平日の昼間だったので改札口に駅員がおらず、どうしようかと困っていたとき、若い男性が来たので、彼に筆談でお願いをしました。

　話が聞こえてきたときに、語り手の視線で正面を向くのがいいのか、話の登場人物の視線になるのがいいのかを判断して表現しましょう。
　「平日の昼間だったので」は説

情景描写・心理描写
語り手の視線

明なので、語り手の視線（正面）になります。ここまでは語り手の視線です。

次に「改札口に駅員がおらず」
からは、様子を思い浮かべながら
聞き、登場人物の私になって、状
況を再現するように、改札口を見
る、駅員を探している様子、困っ
ている様子、若い男性を見つけた

ときの様子、書いたものを見せている様子を時間の流れに沿って表現します。

状況のイメージが十分できてないと、視線の動きや視線のピントの距離が不自然になりますので注意しましょう。

---

③（彼に筆談をお願いしました。）インターホンで駅員さんに事情を話
　してもらうと、④住所、氏名、電話番号が必要と聞こえてきたので、
　⑤メモに書き、駅員さんに伝えてもらいました。

---

③「インターホンで駅員さんに事情を話してもらうと」の内容（意
味）をしっかりつかまないまま、聞こえてきた単語をそのまま、「イン
ターホン／駅員／事情／話す」と表現すると、誰が誰に話したのかがわ
かりにくくなります。

ここでは、様子を思い浮かべながら、また、誰が誰に何をしたのかを
つかむように聞きます。

話の流れから、駅員に話したの
は「筆談をお願いした彼」である
ことをつかみます。また、彼はど
こにいるのか、インターホンはど

こにあって、高さはどれくらいか、そのときの私の様子などを思い浮かべます。

内容が理解できたところで、次は「適切な手話の選択と構成」、そして「表出」です。「事情を話した」のは「彼」なので、「彼」とは言っていませんが、主語（彼）を補足して表現します。また、「私」の視線は「彼」に向けられ、「彼」の位置から、インターホンを作った空間（高さ）に向かって「言う」の手話を表現します。

④この文を、視線を正面に向けたまま「住所／氏名／電話番号／必要／聞われる」と表現する方法もありますが、ここでは、登場人物になって状況を再現するような表現方法を説明します。

「住所、氏名～聞こえてきた」という文を聞いて、どんな様子が思い浮かびますか。「私」はどこを見て、どんな様子でしょうか。その思い浮かんだこと（理解したこと）を手話に構成していきます。

「私の様子」は、視線や顔の表情や体の動きで表し、「住所、氏名～聞こえてきた」内容を手話単語で表現していきます。

視線をインターホンに向けてうなずくことで、インターホンから聞こえてくる駅員の話を聞いている「私」を表現し、聞こえた内容は「住所／氏名／電話番号／必要」と手話表現します。

⑤この部分を、視線は正面を向いたままで、「メモに書く／駅員／伝える」と表現すると、手話の位置を工夫したとしても（例えば「メモに書く」を体のすぐ近くで、「駅員」の手話を体から少し離した位置で表現し、「伝える（言う）」を「駅員」の位置を始点にして表現する）それ

ぞれの単語の関係がわかりにくく、1つのまとまりのあるメッセージとしては伝わりにくくなってしまいます。

ここを意味のまとまりとして表現するためには、視線、体の向き、手話の補足などが大切です。

ここでも、様子を思い浮かべながら、しっかり聞きましょう。メモを書き、それを彼に見せ、彼が

インターホンに向かって話しているという様子を思い浮かびましたか。

手話通訳で聞こえてくるのは「メモに書き」だけですが、何を誰が誰に書いたのかを表現することが大切です。「書いたものを見せる」と手話を補足して、時の流れに沿って具体的に表現しましょう。

「書く／これ（指さし）／（彼を見る）／彼／言う（インターホンに向かって）」のような表現になります。

この文（③④⑤）は短いですが、いろいろな情報が次々と流れてきます。駅員、彼、私の関係や様子について瞬時に思い浮かべて通訳しなければなりません。しかし、内容をしっかりつかまないまま（状況を思い浮かべられないまま）、すぐに手話に変えようとしてしまっている人は、同時通訳練習の前に、しっかり聞いて、内容をつかむ練習をしましょう。まず、私がその場面にいるつもりで話を聞きましょう。周りの様子が思いうかんできましたか。次にその場面の私の様子を表しましょう。ここでもまだ手話表現はしません。彼を見ている、話をうなずきながら聞いている、書いている、メモを見せているなどの私の様子を再現しま

しょう。最後に、私の動きに手話を乗せていくという感覚で手話表現を
しましょう。

⑥その後、ようやく改札口を出ることができました。

　ここでは、「やっと／改札口／出る／できた」のような表現もありま
すが、この部分全体を１つのまとまりとして様子を思い浮かべて表現し
ましょう。

　「ようやく～できた」は手話単
語に頼らず、ほっとした気持ちを
表情で、スムーズに改札口を通過
できた様子を手話のスピードで表
現しましょう。

情景描写・心理描写
表情で状況（スムーズに通過できた）を表現

練習文

　手話を補足しながら、状況を再現するように表現してみましょう。
①マスクや消毒にご協力いただき、ありがとうございます。
②朝起きて窓を開けると、鳥のさえずりが聞こえました。

練習文表現例

①「マスク／消毒／協力／ありがとう」と単語のみを表現しがちです
　が、日本語に含まれる意図をつかみましょう。「いつも／マスクを
　する／消毒する／ありがとう」と『いつも』を補足することで、マ
　スクや消毒が日常的になっている今の状況も表現することができま

す。また「ご協力いただき」は「マスクをする」「消毒する」ということなので「協力」の手話を表現しなくても意味は変わりません。

②この文だけではわからないこともありますが、自分なりに様子を思い浮かべてみましょう。

「朝起きて」は、ぱっと起きたのか、ゆっくり目を開けたのか、「窓を開けると」は、窓は引き戸なのか、開き戸なのか、「小鳥のさえずりが聞こえた」のは近くからなのか、遠くからなのか、どこからかわからないのか、どんな様子が思い浮かびましたか。その様子を再現するように表現しましょう。

5 「広島旅行のわけ」

通訳場面

　中学校の学校公開の通訳です。先生が生徒たちに父親について話します。教室の後方に立つ保護者の中に、聞こえない保護者が1人います。

問題文

　今まで色々なところに旅行に行きましたが、その中で一番の思い出は広島です。よく父に連れて行ってもらったからです。小学校1年の時から6年までです。

　夜行電車で東京を出発して、朝広島に到着しそのまま平和記念式典に参加します。朝着いて、眠いのを我慢して、8時15分の式典になぜ出席するのか不思議でした。周りの様子を見てもわからなくて退屈なだけでした。

　その意味が後でわかりました。父は被爆者だったのです。父は14歳のときに被爆しました。そのため何度も連れて行ったのだと思います。でも父は詳しくは話してくれませんでした。被爆の苦しい思い出は、今までも、今でも話してくれません。たぶん話したくなかったのかなと思うのです。私からも聞きませんでした。原爆ドーム、資料館を見ると、非常に恐ろしい様子がわかりショックを受けました。

　数年前、久しぶりに父と母と3人で広島へ行きました。ビックリしたのは父親の歩きがとても遅かったことです。昔、私が子どもの頃は父の歩き方が早く後ろを追いかけるようについて行きましたが、今の父は私からどんどん遅れていきます。父も歳をとったなと思いました。これからは、もっと父を大切にしたいなと思っています。

1. 以下の評価項目に注意して、問題文を録音して聞取り通訳
   をしてみましょう。

1　正確さ

　文の終わりの間があることで、話の展開が見てわかりやすくなります。文の終わりの間を意識して表現しましょう。

2 技能

（1）表現力

　手話の強弱・スピードが、物事の程度や、強調の意味を表すという手話文法を駆使して表現しましょう。

（2）円滑性・速さ

　例えば「今の父は私からどんどん遅れていきます。」を手話特有のリズムで表現できるようになるためには、個々の日本語に合わせて手話単語を表現するのではなく、この一文を1つの意味のまとまりとしてとらえることが必要です。手話文法をしっかり身につけ、日本語と手話の組み立ての違いに注意して表現しましょう。

（3）態度

　手話単語、手話文法だけではなく、話し手の感情も表情で表現できるよう注意しましょう。

1 手話の強弱・スピード

①今まで色々なところに旅行に行きましたが、その中で一番の思い出は広島です。

話の内容をよく理解し、適切な手話単語の選択だけではなく、手話文法を適切に使って表現することが大切です。手話単語を表す強弱・スピードで、程度を表すことができます。手話単語を強くゆっ

くり表現することで、その単語の意味を強調して「とても」とか「必ず」という意味を含みます。

この場面では、「一番」と「覚えている」を強調しましょう。手と同時に口元にも力を入れるとより伝わりやすい表現になります。

練習文

手話の強弱・スピードに注意して練習しましょう。
①あの味は忘れられない。
②今まで観た映画の中で一番良かった。

練習文表現例

①「覚える」を強く表現し、意味を強調します。
②「良い」を強く、ゆっくり表現し、口元も強く閉じます。

②夜行電車で東京を出発して、朝広島に到着しそのまま平和記念式典に
　参加します。

　この写真では、「東京」の位置
が始点になり、「出発」の手を
ゆっくりと弧状に移動させて、
「広島」の位置が終点になり、「到
着」しています。

　「夜（夜行）／電車／東京／出
発／到着／朝／広島」

　「到着」の手話を強く、ゆっくり表現してみましょう。

　そうすると、単に広島に着いたという表現だけではなく、出発から到
着までの心理的・物理的な距離の遠さを表すことができます。やっと着
いた、遠かったという意味も含みます。

練習文

　手話のスピードにも注意して練習しましょう。
①待っていたメールの返事がやっと届いた。
②ブラジルに行くには 25 時間もかかるらしい。

練習文表現例

①相手からの「メール」を自分の前にゆっくり弧状に移動させます。
②「ブラジル」の空間に「飛行機」をゆっくり弧状に移動し、「25 時間」
　をはっきり強く表出します。

③被爆の苦しい思い出は、今までも、今でも話してくれません。たぶん話したくなかったのかなと思うのです。私からも聞きませんでした。

　「私／父／聞く／しない」という表現も考えられますが、ここは話の流れから父の思いをくみ取り、話題にしないという意味で、私が父に向けて「黙る」という手話を強く表して、口も堅く結ぶこ

とで「決して聞かない」という強調の意味を表すことになります。また誰に対しての表現なのか、どの空間にいるのかを意識しながら聞き、表現しましょう。

　　練習文

　何を強調するのか考えてみましょう。
①決して誰にも言いません。
②あなたのことがとても心配です。

練習文表現例
①相手に向けて「黙る」を強く出します。
②相手に向けて「心配」を強く出します。

2 ロールシフト (自分を強調)

> 被爆の苦しい思い出は、今までも、今でも話してくれません。

　聞取り通訳では、誰が誰に何をしたかを手話の位置、方向や指さし、体の向きで表現します。父が私に話をしないという父と私の関係は、手話の位置方向、上体の移動（上体の向きを変える）で表現することができます。上体の移動（上体の向きの変化）で、表現者の格を誰にするのかも大切です。話をしてもらえない私を強調する場合は表現者の格を「私」にします。表現者の格を私にするには、「説明する」の手の向きを反対にして受け身の表現（「説明された」）にします。文末では聞き手に体と視線を戻して、「（話してくれなかった）のです」というメッセージを伝えましょう。

練習文

　自分を強調したロールシフトで表現してみましょう。
①先生はいつも怒るんですよ。
②母はその方法を教えてくれない。どうしてかしら？

練習文表現例

①怒られる自分を強調し、「怒る」の向きを反対にして受け身の表現
　をします。
　「ですよ」で聞き手に体と視線を戻して語ります。
②「教える」を受け身の表現にし、「理由？」は聞き手に向けて語ります。

3　ロールシフト（相手を強調）

> たぶん話したくなかったのかなと思うのです。

　聞取り通訳では「父が私に話をしない」という父と私の関係を、ロールシフトをせずに語り手のままで手話の位置・方向で表現するのか、ロールシフトをして表現者の格を「父」にするのか、または「私」にするのかを判断することも大切です。ここでは、「父」を強調するロールシフトについて説明します。

　話をしない父の気持ちに思いを馳せ、父を強調するためには、表現者の格を「父」にします。体を父の位置方向から「私」に向けると、格が父になります。私の方（写真①右空間）を向いて「（父が）説明する」と表し、次に正面に体を戻して、表現者の格は「語り手である私」になったので、「嫌」の手話（写真②）の後に父の方向（写真③左空間）をさして、嫌なのは父であることを表現します。「たぶん（うなずき）／話す（ロールシフト父）／嫌（正面）／指さし（父の方向）」

　なお「私」を強調するロールシフトになると、体の向きと手話の方向は上記の逆になります。

　話の流れから強調するのはどの格なのかを判断して適切な格を選択しましょう。

　また、話の最後に語り手に戻

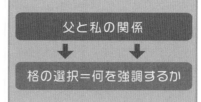

り、視線を正面にもどすことも意識しましょう。

練習文

　相手を強調したロールシフトを練習しましょう。
①ここに書いてあるって兄が言うんだよ。
②いつも母は楽しそうに職場の話をする。

練習文表現例

①左空間に私、右空間に兄がいるつもりで、体を左空間にいる「私」
に向け、視線も左空間に向け、左手のひらの上を右手人さし指で「書
く／これ」を表現します。
　体を正面に戻し、視線は右向きで、右方向から「言われる」の手話
を表し、最後に視線は正面に向け、「兄」がいる右空間を指さします。

②右空間に母、左空間に私がいるつもりで手話の位置、方向を決めま
す。「母」は視線と体は正面に向けて表現します。次に右空間の「母」
が、左空間にいる「私」に話すように体と視線を左に向け、「職場
／これ／これ／（話している様子）」と表現します。最後に、視線
と体を正面に戻し「楽しい／（右空間の指さし）／いつも」と表現
します。

4　体と指を使った表現

①私が子どもの頃は父の歩き方が早く後ろを追いかけるようについて行
きましたが、②今の父は私からどんどん遅れていきます。

　聞こえた通りに「父／早い／私／走る／でも／今／父／遅い」と表現
しがちですが、手指を代理詞的に使い、表現者の体も使って状況を再現
するように表現し、手指と体との組み合わせ表現をするとわかりやすく

137

なります。

　右手人さし指で「父」、左手人さし指で「私」を表すことができます。表現者の顔の表情や体の動きは、先に行ってしまう父を追いかける「私」です。振り向いて左手人さし指の方向を見ていますが、遅れている父を見ていることになります。

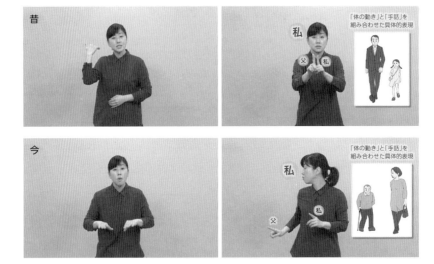

　体や指を使って表現してみましょう。

①よちよち歩きの女の子がお姉ちゃんを追いかけています。

②運動会の紅白リレーは、熾烈なトップ争いの末、紅組が勝利した。

練習文表現例

①「姉妹」の手話を表現し、そのまま左（または右）小指で「姉」を右（または左）小指「妹」が追いかけるように動かします。「姉」はスムーズに進み、「妹」はぎこちなく動かします。次に表現者は、自分の体で妹の動きを再現するように、前方の姉のいる空間に視線を向け、よちよち歩いているように体を動かします。次にその体の動きと視

線、表情を残しながら、手指で「姉」の後を「妹」が追いかけるように動かします。

②右（または左）人さし指で「紅組」走者、左（または右）人さし指で白組走者を表し、左手を前に動かした後、右手が左手を追い抜いて、左手を前に動かします。これを2〜3回繰り返します。次に表現者は、走者の様子を再現するように、腕を振ります。次に表情を残し、左右の指を交互に前後させます。

5　表情・視線

①朝着いて、眠いのを我慢して、8時15分の式典になぜ出席するのか不思議でした。

話し手の感情を話の流れに沿った表情や視線で表現できるよう注意しましょう。

「眠い／我慢／急いで歩く／8時15分／式典／参加」と表現します。

眠い
我慢
急ぐ

「眠い」と「我慢」は表情で、また幼い子どもが式典に急ぐようすを表してみましょう。やや体も小さくして、腕も細かい動きにするといいでしょう。

②周りの様子を見てもわからなくて退屈なだけでした。

　広い式典会場を思い浮かべながら見回す手の動きと同時に視線をさらに遠くに向けます。視線で会場の広さを表現できます。

　「わからない」も、子どもの様子を思い浮かべて、表情や首を傾げるしぐさを加えられるといいですね。

広い会場

見ても
わからない

練習文

　話しの流れに沿った表情や視線を工夫してみましょう。
①(問題文より)原爆ドーム、資料館を見ると、非常に恐ろしい様子がわかりショックを受けました。
②夕空を見上げると、一番星が輝いていた。

練習文表現例

①恐がる表情を作り、体を縮めて後ろに引きます。
②人さし指と中指で「見上げる」を表現し、視線はさらに遠くにします。

第3節 実践練習（聞取り通訳）

　聞取り通訳５つの題材を通して、手話の基本文法・評価項目について具体的に確認してきました。

　ここでは、その確認した文法等を使って具体化していきましょう。まず、問題文を録音します。話の展開を理解し、映像としてイメージしていきましょう。

　次に、聞取り通訳をして録画しましょう。そして、録画したものを見て、手話文法が適切に活用できているか、評価項目の正確さなどはどうであったかを１つひとつ具体的に確認します。

　次に改善点を意識して、もう一度聞取り通訳の録画をして１回目の映像と比較してみましょう。意識したところが改善できているかを確認します。小さなプラスの積み上げが大切です。

　そして、解説を読み、表現例を具体的にイメージしましょう。表現方法は１つではないので自分の表現が解説の表現と違っていても大丈夫です。いくつもの表現例を学ぶことで通訳技術のレベルアップにつながります。

　さらに、聞取り通訳を録画して解説にある手話文法が使われているかを確認しましょう。

1 オンライン旅行説明会

通訳場面

　旅行会社によるイベントにおいて、「オンラインで楽しむ旅行」についての説明会。旅行好きの聴覚障害者夫婦が参加しています。

問題文

　本日は、当社のオンラインツアーの①説明会にご参加いただき、ありがとうございます。本日ご紹介させていただく内容は、昨年からの新型コロナウイルスの影響により②海外への出国がままならない今、日ごろから③海外旅行をお楽しみの皆さまに④現地ガイドによる、オンラインで海外旅行をお楽しみいただくパッケージとなっております。

　アプリは、Zoom を使用しており、操作も簡単で画質もよく⑤リアルな旅行気分をお楽しみいただけます。

　今回、ご案内させていただく地は、⑥イタリアとオランダです。見どころは、イタリアでは「最後の晩餐」の壁画。オランダでは⑦アンネフランクが暮らした街をめぐります。

解説

① 手話の方向

　実際の話し手と参加者の位置関係とが同じになるよう手話の位置・方向に注意しましょう。「説明会にご参加いただき」を「説明会／集まる（体の手前に向かって表現）」と表現しましょう。「〜申し込んでいただき・出席いただき・電話をいただき」なども同様です。

② 手話の選択・体の表情・時制・話の展開を読む

　「海外への出国」は手話単語の表現だけではなく、自分も移動するこ

とをイメージし、「海外／飛行機（体をやや前傾に）」と表現しましょう。「ままならない」は「難しい」の単語で表現しますが、体は少し引いて表現します。同じ「難しい」の手話でも、体を少し丸めて表現すると「困惑」を、体を引いて表現すると「不満」の感情も表現することができます。手話単語の表現だけではなく、話し手の感情も理解し、体の表情も表現できるよう練習しましょう。

③ 正確さ（適切な手話の選択）

ここでの「お楽しみ」は、「実際に楽しむこと」ではなく、「旅行好き」という意味です。意味をつかみ、「海外／旅行／好き」と適切な手話の選択をしましょう。

④ 話の展開を読む・視線・ロールシフト

オンラインで楽しむ旅行なので、「現地ガイドによる」と聞こえてきたところで、映像のなかに現地ガイドがいることを想像しましょう。「現地／ガイド／いる／（指さし）」と手話表現しますが、視線はイメージしたモニターの映像に向け、現地ガイドを見ていることを表現します。

⑤ 空間活用・指さし・視線・ロールシフト

参加者に向けて説明する視線から、ロールシフトで、オンラインで現地の映像を見ている視線に変わり「実際／海外／旅行／楽しい」と表現しましょう。この視線で「映像を見ている」ことと、それが「楽しい」ことが１つの意味のまとまりとなり「リアルな旅行気分を楽しむ」ということが表現できます。

⑥ 手指の代名詞的表現・間

「イタリア／１（左手人さし指を右指でつまむ）／オランダ／２（左手

中指を右手でつまむ）／良い／内容／1（＝イタリア）／（間）／最後の晩餐／壁画／2（＝オランダ／（間）／アンネフランク／〜）」のように手指の代名詞的表現をしましょう。

　また、「イタリア／（間）○○」「オランダ／（間）○○」と間を入れることで、紹介したい名所のことを今から伝えますよ、と参加者に語りかけることに繋がります。

⑦ 正確さ・時制

　アンネフランクなどの、固有名詞を正しく表現しましょう。アンネフランクは、故人です。暮らしていたのは過去のことなので「昔」の手話を補うことでわかりやすい表現になります。

学習の提案

　オンラインの活用は、職場のこと、仕事上のことだと思っていたのが、今やさまざまな場面に広がってきています。自分では積極的な活用ができなくても、聞いて理解できるレベルに自分の知識を押し上げておきましょう。

　これまで読取り試験では、聞こえる人と一緒に映画を楽しみたい、演劇を楽しみたいという内容や、病院での検査のときに見てわかる指示の表示が必要という内容が出題されています。

　自分の経験に照らし合わせ、ろう者が見てわかる方法は何かを考え、社会に伝えていくことも私たちにできることの1つでしょう。

② 公営住宅自治会説明会

通訳場面

　公営住宅自治会による住民への説明会。自転車置き場のルール変更に伴い住民を集めての説明会です。この住宅に住む聴覚障害者が参加しています。

問題文

　①自転車置き場にも張り紙をしていたので、お気づきの方もいらっしゃると思いますが、この住宅近くの商業施設の利用客が、時折この自転車置き場を使用していることが目撃されていました。

　②張り紙にて注意喚起をしてきましたが、改善しないため、自転車置き場のルール変更を行うこととなりました。今回の変更は地元警察署と相談しました。

　③自転車置き場を利用している住民は、事前に登録をしていただき、登録シールを自転車に貼っていただくことになります。④登録シールを貼っていない自転車は、警察に盗難された自転車かどうかを確認してもらい、⑤盗難の場合は警察に対応してもらう。そうでない場合は管理事務所に連絡し、撤去してもらうことになります。

　皆さんにはお手数をおかけしますが、登録手続きと登録シールを自転車に貼っていただくことになります。その他の詳細はお手元の資料を確認してください。

解説

　問題文全体を通して、一文が長いので、日本語のテンポで手話表現するとわかりにくくなります。意味のまとまりで切って、表現することが課題です。

① 空間活用・指さし・視線・表情

　自転車置き場と聞こえてきたとき、それがどこにあるのかをイメージしましょう。そして、その空間を意識して、「自転車／置く／（右空間を指さす）」と表し、自転車置き場は右空間にあることがわかります。その指さしのところで、「張り紙／ある」と表すことで、自転車置き場に張り紙があることがわかります。そして、視線を聞き手に戻して、「皆さんも知っている」と表し、しっかりと（間）を作りましょう。

　次に、商業施設と聞こえたとき、自転車置き場とは反対の左空間を見て、「近い／商業施設／（指さし）／行く／人」と表現し、2つの位置を左右の空間に分けましょう。そして、右空間の自転車置き場の位置で、「自転車／置く／内緒／ある／指さし」と表すことで、商業施設利用者が置いていることを表現します。

② 空間活用・具体的表現・手話の補足

　ここでは、①で表現した張り紙を思い浮かべて、「張り紙／注意／書いてある」と表し、「改善しないため」を具体的に、「黙って／自転車／置く／ある」と表現しましょう。

　この表現ができるということは、①の、商業施設利用者が自転車を置いていくという話の流れがつかめているということです。

③ 空間活用・指さし・視線

　次の、「自転車置き場を利用している住民は〜」は、「指さし（自転車置き場）／利用／皆さん（目の前にいる住民をさす）」と表現することができます。または、自転車置き場を利用している住民は、この説明会に集まってきている人のことですから、ここは「皆さん」とだけの表現でも良いですね。

　「事前に登録をしていただき、登録シールを自転車に貼っていただく〜」のところは、「事前に／申し込む（語り手の方向に）／シールを渡

す（語り手が参加者の方向に）／貼る／お願い」となります。

④ 空間活用・視線

　次に、「登録シールを貼っていない自転車」は、自転車置き場の空間に視線を向けシールが貼ってない自転車がある、とその場の状況を表現しましょう。

⑤ 空間活用

　そして、警察と管理事務所の空間を分けましょう。

　ここでは公営住宅の自転車置き場の問題が取り上げられていますが、他にどんな問題があるのか思い浮かべてみましょう。ゴミの出し方、共有スペースの清掃などでしょうか。住宅街では、廃品回収、回覧板、町内会の行事等を思い浮かべるでしょうか。

　これら、1つの題材から関連した内容を思い浮かべ、動線を描きながらイメージを具体的に持っておくと他の内容に対しても落ち着いて話を聞くことができますね。

　1つの題材の学習で終わってしまうのではなく、次の題材につなげて学習できるように心がけましょう。

第
1
章

第
2
章

第
3
章

手話通訳技術の向上

通訳場面

　市役所の災害対策の説明会。地域の障害者団体の代表者が参加しています。聴覚障害者団体の代表が参加しています。

問題文

　日本は災害大国と言われております。①当市においても災害対策を講じておりましたが、防災課のみの取り組みではなく、市を挙げての取り組みにします。②そのため、防災を SDGs の一環として取り組むことになりました。③ SDGs で掲げられている 17 の項目のうち「住み続けられるまちづくりを」と「気候変動に具体的な対策を」が防災と深いかかわりがあります。

　④これまで縦割り行政と言われていた点を SDGs の取り組みにすることで、新たに土木課や住宅課なども検討委員会に加わります。

　⑤防災対策は、縦割りを取り除き取り組むことになりました。今後は日ごろの生活と防災を一緒に考えられるようになりました。

　今後も引き続きご協力いただきたくよろしくお願いいたします。

解説

① 短文に構成

「災害対策を講じておりましたが、防災課のみの取り組みではなく、市を挙げての取り組みにします。」は１文ですが２つの短文に構成して表現することを考えてみましょう。

　１つ目は、「災害対策を講じてきたのは防災課です。」

　２つ目は、「今後は、防災課他市を挙げての取り組みにします。」

「災害対策を講じておりましたが」の「が」は逆説の「が」ではあり

ません。続いて、「防災課のみの取り組みではなく」の「ではなく」は
否定の「ではなく」と思ってしまうと話が混乱してしまいます。ここ
は、「防災課と他にもある」と理解することができます。話を丁寧に聞
き、話の展開を読むことが大切になってきます。

　1つ目の、「災害対策を講じてきたのは防災課です。」は、「災害／混
乱／防ぐ／活動／経過」と表現し、それを誰がしたのかを明確にするた
め、その表現したことを指さし「これ／防災課／担当」と表現し1つ目
の短文ができます。

　次に、「防災課のみの取り組みではなく」は、内容を理解し、「今後
は、防災課他市を挙げての取り組みにします。」と2つ目の短文を作り
ます。そして、「市を挙げての〜」を具体的に「防災課／他／課／課／
課／みんな」と表現します。

② 空間活用・指さし・視線

　「そのため」と聞いたときに話の流れから、市を挙げての取り組み
とするための具体的な説明があるなと予測して、次をしっかり聞きま
しょう。

　「防災をSDGsの一環として〜」と聞こえてきたとき、防災がSDGs
の中に含まれるのだなと理解し、空間を活用することを意識して「防災
（右空間）／SDGs（左空間）／含める（左手は左空間、右手は右空間
から左空間に動かす）」と表現しましょう。

③ 手指活用・視線

　「SDGs／これ／目標／17／中」

　17項目の中の、1つ目「住み続けられる〜〜」、2つ目「気候変動〜〜」
とするか、「住み続けられる〜〜1つ目、2つ目気候変動〜〜」と表現し
ましょう。そして、2指を指さし、防災と関係があると表現します。

④ 新しい手話の活用・空間・指さし・手話の補足

「前／縦割り行政／あった／これ／これから／ SDGs ／含める」と表現しましょう。

「縦割り行政」「SDGs」など時事用語の新しい手話も学習し、適切に使えるようになりましょう。

この文では「これから」とは言っていませんが、意味としてはこれまでのことと、これからのことが語られています。「これから」の手話を補足することで、「前のこと」と「これからのこと」の2つの意味のまとまりを作ることができ、見て意味がつかみやすい表現になります。

⑤ 意味に合った手話の選択

「縦割りを取り除き」を、意味をつかみ「縦割りをやめる」と表現した後「縦割り」の反対の意味の手話（一緒：手のひらを上に向けた左右の手の小指側を近づける）を補足します。反対の意味の手話を補足する（言い換える）ことで、意味をより明確にすることができます。

学習の提案

防災についての地域の取り組みを考えてみましょう。ろう者の中には災害時にボランティアとして活動している方も多くいます。ボランティア元年と言われた阪神・淡路大震災や東日本大震災からの復興に向けての活動の広がり。そして、この問題文にある SDGs……。その1つひとつから社会の変化を見つめ、活動の広がりや意識の持ち方の変化を受けとめましょう。「SDGs（持続可能な開発目標）」の17色のバッジを思い浮かべてみると、手話表現とのかかわりがわかります。他にどのような項目があるのか調べてみることにしましょう。

社会の今を表す単語、略語、フレーズがニュースで流れ、それらのことは、試験問題として学科試験のなかでも出題されています。また、ここ数年は、実技試験でも出題されています。学科試験の学びが実技試験

に活かされ、実技試験の学びが学科試験の学びへとつながっていきます。それぞれで学んだ情報、知識等をつないで広げ、深めていく学習にしていきましょう。

ここでは、グループ学習やろう者の語りの DVD からの学びの具体例を紹介しています。1 人では気づきにくい発見や他者の経験などをグループ学習で学び、この学びを個人学習でさらに深める。このような学習で実力アップにつなげましょう。

1 グループ学習

多くの講習会や講座では、小グループでの実技演習、意見交換の後、全体の振り返りでグループ演習での意見を発表し、学びを共有するという方法が行われていると思います。ここでは、この方法を用い、個々に題材を選び小グループで行う一例を紹介します。これは、ウォーミングアップを兼ねて継続的に行うと良いでしょう。

(1) 題材選び

題材は「社会の今」「最近のニュース」とします。それを 4 人程度のグループを作り「語り手・通訳担当者・聞き手（2 人）」と役割を決め、交代で進めます。語る時間は 1 分から 1 分半程度とします。

「社会の今／最近のニュース」を題材にするのは、社会の変化を常に意識して見つめ、自分のことばで理解するためです。またグループで上記の方法で学習するのは、仲間の題材の選択や意見に耳を傾けることで、他者の受け止め（理解）にも触れ、いろいろな事柄や、いろいろな内容について「わかる」幅を広げるためです。

語る時間を 1 分から 1 分半にしているのは、限られた時間内で大切なことをまとめて話すことによって、話のポイントをつかみ、整理する力をつけるためです。

これらが手話通訳技術の向上につながります。

(2) 学習の進め方

では、具体的な進め方を説明します。

① 題材を選ぶ

全員がまず、「社会の今／最近のニュース」の話題の一つを取りあげ、語る内容を考えます。

② 語りの準備

語りの内容を考えるきっかけをつかむためにメモを取ります。箇条書きとし文章にはしません。ここで文章にしてしまうと、語るときに読み上げてしまいメッセージ性が損なわれ、通訳者にも影響を及ぼして一本調子の通訳になってしまいます。"メモ"ということを意識しましょう。

③ 役割を決め、語り、通訳を行う

次に役割を決めます。語り手は通訳担当者に語りの概略を伝え、話を始めます。手話通訳者の通訳が遅れたときに語りを止めてしまうことがあるかもしれませんが、目の前にいる2人に話しかけるように語っていきましょう。繰り返し行うことで慣れていき、スムーズにできるようになります。

通訳担当者は、事前にテーマ・概略を聞いて話の展開を意識して丁寧に聞くことを心がけましょう。このときに、手話の強弱・緩急・間・リズム・空間などの手話の文法を活用することを意識します。そして、単に手話を表出するのではなく、手話で語りかけることを意識します。

次は、聞き手の2人です。観察者の役割がありますが、チェックする視線ではなく「話を受けとめていますよ」「その後どうなったの？」という眼ざしや、うなずきがあると通訳者を元気にしますので適切な対応を心がけましょう。

④ グループでの意見交換

1人目の語りが終わりました。次は、意見交換です。

まず、語り手が目の前の2人に視線を合わせて語ることができたか、メッセージが届けられたかの感想を伝えます。

次に通訳担当者は、活用できた文法、心がけたこと、今後改善したい自分の課題、これから取り組んでいきたいことなど具体的に述べます。

　2人の観察者は、通訳担当者の感想を受けて、手話文法が適切に使われていたところや、見やすかったなど良かった点を具体的に伝えます。工夫が必要なところ、誤訳につながってしまいそうなところもお互いに確認します。

　これをそれぞれが語り終わった後にその都度行います。時間は2〜3分です。通訳内容についてのコメントは、必ず手話文法・評価項目を引用することを心がけましょう。

⑤ 全体学習

　グループでの意見交換を通して全員で共有しておきたい事項を発表し、情報をみんなのものにしていきます。

　この学習を継続的に行うことで、実技と知識の融合を図ることにもつながっていきます。仲間の力を借りてみんなで高め合っていきましょう。

❷ 個人学習（ろう者の手話から学ぶ）

(1) シャドーイング

　ろう者の表現をシャドーイングする学習は、グループ学習の中でよく行われています。これを個人学習にも取り入れます。お手持ちのDVDで、内容が十分にわかっていて、手話表現を身につけたいと思う語りを選び、教材にしましょう。講習会などで使ったDVDを活用するのも良いでしょう。

　身につけたいと思うろう者の語りをくり返し見てシャドーイングします。このとき気をつけることは、手話の形をまねるだけではなく、顔や体の表情・手話のテンポ・間・強弱・緩急・視線などの使い方を丁寧に見て、まねることが大切です。

（2）翻訳文の録音、通訳の録画

　次に、翻訳文を録音して表現練習につなげます。録画をして細かくチェックしていきましょう。できていないところは再度ろう者の語りを見て、まねるをくり返し、身につけましょう。そして、再度録画をして確認します。確実に上達していく自分に出会えるはずです。この学びが課題文の練習時や通訳現場で活かされ、見てわかる表現へと繋がっていきます。これで終わりとせず、確かなものにするために、ちょっと欲張って次の仕上げに進むことにしましょう。

（3）練習文の作成、通訳の録画（応用学習）

　仕上げです。学んだ手話文法を活用できる練習文を作成し、表現練習につなげます。繰り返し練習し、これで大丈夫と思ったら録画をして、学んだ手話文法が身についているかどうか確認しましょう。上手くなっている自分に出会えるはずです。また新たな課題もはっきりと見えてきます。これまでの日本語に引っ張られそうな自分がいることに気づくでしょう。そこは、繰り返しの学びを大切にして、ろう者の手話の語りを思い出し、自分のものにしていきましょう。立ち止まって、振り返りをしながら丁寧に学習することが大切です。

（4）発表

　これで終わりにしてはもったいないので、みんなの前で発表するチャンスを作りましょう。活用した DVD、身につけたいと思った手話の語りは何であったかをみんなに語ってから、その成果を発表しましょう。そこには、レベルアップした自分や仲間の姿を見ることができます。

　そこにいる仲間の分だけろう者の語りを知ることにつながり、それは次の学習意欲につながっていきます。みんなで高まっていきましょう。

　お手元にある DVD を活用して、同じように学習を積み上げていって

みてください。上手くなっていく自分を想像しながら学習を積み上げていくことは楽しいものです。そして、次の意欲へとつながっていきます。

③ 書籍・DVD の紹介

　各団体からの書籍・DVD 等の活用が学習を深めることにつながります。次にその一部を紹介します。大いに活用して知識技術のレベルアップを図りましょう。詳しくは各団体のホームページを参照してください。

・一般社団法人日本手話通訳士協会監『DVD 手話通訳士試験合格への道─評価項目に準拠した通訳学習のポイント』中央法規出版、2021 年

・一般社団法人日本手話通訳士協会監、手話通訳士試験傾向と対策委員会編『六訂手話通訳技能認定試験傾向と対策　手話通訳士試験合格への道』中央法規出版、2019 年

・『DVD 読み取ってみよう＆表現してみよう』一般社団法人日本手話通訳士協会

・一般社団法人日本手話通訳士協会『みんなで学ぶ手話通訳士倫理綱領』一般社団法人日本手話通訳士協会、2018 年

・『手話通訳技能認定試験模範解答集』一般社団法人日本手話通訳士協会

・小椋英子『私がめざす手話通訳者～学びと人間育ち～』一般社団法人日本手話通訳士協会、2017 年

・鈴木唯美『手話通訳士ブックレット 12「聞き取り通訳」トレーニング』一般社団法人日本手話通訳士協会、2010 年

・一般社団法人日本手話通訳士協会監、林智樹著『手話通訳を学ぶ人の「手話通訳学入門」改訂版』クリエイツかもがわ、2017 年

・『日本聴力障害新聞（日聴紙毎月）』一般財団法人全日本ろうあ連盟

・『わたしたちの手話』再編制作委員会編、社会福祉法人全国手話研修センター日本手話研究所『わたしたちの手話学習辞典Ｉ』一般財団法人全日本ろうあ連盟、2015 年

- ・一般財団法人全日本ろうあ連盟『わたしたちの手話』再編本委員会編、社会福祉法人全国手話研修センター日本手話研究所『わたしたちの手話学習辞典 II』一般財団法人全日本ろうあ連盟、2014 年
- ・一般財団法人全日本ろうあ連盟編『手話言語白書』明石書店、2019 年
- ・『聴覚障害者への合理的配慮とは?』編集チーム 編『よくわかる！聴覚障害者への合理的配慮とは？ー「障害者差別解消法」と「改正障害者雇用促進法」から考える』一般財団法人全日本ろうあ連盟、2016 年
- ・『手話通訳者養成のための講義テキスト改訂版』社会福祉法人全国手話研修センター、2020 年
- ・林智樹『必携手話通訳者・手話通訳士ハンドブック』社会福祉法人全国手話研修センター、2017 年
- ・『手話通訳問題研究』（研究誌 季刊）、一般社団法人全国手話通訳問題研究会
- ・一般社団法人全国手話通訳問題研究会編著『マンガで読む手話通訳事例集』一般社団法人全国手話通訳問題研究会、2013 年

第 **3** 章

手話通訳とは

手話通訳実技は、第1章第3節の**図18**「手話通訳者の全体像」で示されているように、手話通訳を担う人が持っているさまざまな力の全体像を測るものです。

　第1章第1節で学んだように、人権についての基本的な理解は専門職として求められるだけでなく語りを理解するうえでも重要です。したがって人権についての基本的な理解は、専門職としての要件であり、第1章第3節の**図25**「手話通訳の技術・技法及びトレーニング」にある「手話通訳技術」と「手話通訳実践技術」の要件といえるものです。

　このような観点から実技テキストとしての性格を少し広げて、手話通訳実技が人権施策として、実践的に展開されることを期待し、学科試験の「聴覚障害者に関する基礎知識」や「手話通訳のあり方」に登場する課題の土台である「ろう運動」から学びます。

　戦後、憲法に基づく人権施策としてのろう者施策を求め、一般財団法人全日本ろうあ連盟を中心とする「ろう運動」により「手話通訳」は発展してきました。

　この「ろう運動」の特徴の1つに「手話言語の認知」、「手話通訳事業の法定化」に取り組んでいることが挙げられます。

　「手話通訳」について学ぶ前に、大切な2つの視点を整理しておきます。

　1つ目の柱は基本的人権です。井上英夫（金沢大学名誉教授・佛教大学客員教授）は、千葉県で2020年12月結審した天海訴訟原告側意見書（「障害のある人・高齢者の人権・尊厳と自己決定」https://amagai65.iinaa.net/ronbun/inoue_ronbun.pdf、32.33ページ）で、「社会保障の権利は恩恵から権利（契約や法律による）へ、そして人権へと発展している。恩恵の時代とは、救済や保護をするかしないか、するとしてもその内容は、行政や支配者の恣意に委ねられ、与えられないとしても、国民の側は不服を言うことができないものである。第二次大戦前はまさにこのような時代であった。

「権利」の時代とは、社会保障を受ける権利が契約あるいは法律によって認められることをいう。そして、その実現を求めて、裁判所に訴えることができるということである。」とその権利の構成要素について述べています。

松本晶行（1966（昭和41）年に弁護士登録、一般財団法人全日本ろうあ連盟参与）は、基本的人権について「国民に対して圧倒的に強い国とか自治体とかの公権力に対して、これをやってはいけない、これはやるべき。国民の側からいえば、これが基本的人権。国家的義務が基本的人権の意味」であると簡潔にまとめています（「平成11年第2回手話通訳士技能向上研修会講義・まとめ」63ページ）。

2つ目の柱は、先の井上が社会福祉サービスの提供主体の多様化を踏まえ、基本的人権を保障する責任の主体について「いかなる経営、運営形態をとるにしても、人権としての社会保障の権利について最終的にその保障義務を負うのは、国家そして地方政府としての自治体である。」（前出、45ページ）とその責任主体について述べています。

社会保障は、国民の権利であり、国民に対する基本的人権を保障するのは誰かを明確にしたものです。

2000（平成12）年の社会福祉基礎構造改革により、社会福祉事業の規制が緩和され、事業の実施主体は営利法人も可能となりましたが、実施主体の形態にかかわらず人権保障責任は国家そして地方政府（以下、国家）にあることが理解できたでしょうか。

手話通訳事業をはじめ、ろう者福祉施策の国家の役割について、私たちが押さえておくべき重要な視点です。このように見てくると、ろう者の願う手話通訳制度は人権施策であり、国家責任に基づいた施策であるべきといえるでしょう。

第2章

1 手話を駆使し、聾唖者の心情を掴み得る仁人「福祉司」

　ここからは、全日本ろうあ連盟の機関紙「日本聴力障害新聞」に依拠しながら社会福祉施策としての手話通訳を振り返ります。

（1）専任の福祉司を要求

　藤本敏文（当時・全日本聾唖連盟委員長）は、日本聾唖ニュース1950（昭和25）年3月1日号の社説「身体障害者福祉法と福祉司の問題に就て」で、「福祉司との交渉が一々手話の出来る通事者を介在せしめねばならぬ端目となつては福祉司の用をなさぬ事になるであろう。（中略）聾唖者の心の隅々まで見通しの利く理解ある、自由に話合いの出来る愛情と寛容の持ち主でなくてはならない。（中略）われわれをよく理解し、よく手話を駆使し、直接聾唖者の心情を掴み得る底の仁人でなければならない（後略）。」と行政保障（対人サービス）を求めている。

　1952（昭和27）年5月4日東京での全国ろうあ者大会の決議（「日本聴力障害新聞」1952（昭和27）年6月1日号）を見ると「ろうあ者の特殊性にかんがみわれわれ専任の福祉司をおかれるよう当局に要望する。」とあります。この要求が昭和30年5月3日大阪市で開催された第6回全国ろうあ者大会決議では、「障害別による専任福祉司を設置すること。」（「日本聴力障害新聞」1955（昭和30）年6月1日号）に発展し、行政責任、特に福祉司と直接コミュニケーションが取れることをろうあ者福祉の基本に据えていることがわかります。

（2）調査から見る「専任福祉司」

　一般財団法人全日本ろうあ連盟の下「ろうあ者問題研究協議会」が行った調査の「専任福祉司の設置」をみると、1965年当時「ろうあ専

表1 身体障害者福祉司に関する調査

①当地の身体障害者福祉司は手話ができますか。

地域	できる							できない						
	北海道東北	北信越東海	関東	近畿	中国	四国	九州	北海道東北	北信越東海	関東	近畿	中国	四国	九州
小計	3	0	0	1	0	0	0	5	4	4	5	3	3	4
合計	4							27（合計数が合わないが原文のまま掲載）						
備考	札幌ろうあ協会、岩手ろうあ協会、山形県ろうあ福祉協会、大阪府ろうあ協会													

②福祉司との面接がスムーズにいっているか

うまくいっている	6	20%	札幌、山形、岩手、大阪、静岡、広島
うまくいっていない	25	80%	
合計	31	100%	

③当地の福祉司は親切に世話してくれるか

親切である	14	47%
そうでもない	16	53%
小計	30	100%

出典：ろうあ者問題研究協議会提出テーマ「専任福祉司の設置」から日本聴力障害新聞 1965 年 5 月 1 日号掲載

任福祉司を設置しているのは大阪府だけのようである。」とその結果を報告しています。そして、全国の状況について**表1**のとおりまとめています（「日本聴力障害新聞」1965（昭和 40）年 5 月 1 日号）。

　①は手話ができるか否かを聞いたもので、手話ができないとする回答が大半でした。②は面接のスムーズさを聞いたもので、8 割はうまくいっていないと回答しています。③は福祉司が親切かどうかを聞いたものでこれは、ほぼ半々といったところです。

　全体的には、コミュニケーションはうまく取れないが、親切に対応してくれると回答している地域が半分弱と当時の福祉行政の状況がうかがえます。

　手話通訳要求は、手話言語でコミュニケーションが取れる福祉職員という福祉行政に対する要求が、その後、福祉分野を含む幅広い要求へと

発展しています。

このことは、1962（昭和37）年5月の第12回全国ろうあ者大会「われわれのためのコミュニケーションの拡大に努めよう」（「日本聴力障害新聞」1962（昭和37）年6月1日号）の決議からうかがい知ることができます。

② あらゆる公共機関に手話通訳者を ―手話通訳運動元年―

その後、第17回全国ろうあ者大会（1968（昭和43）年6月）のスローガンを見ると「あらゆる公共機関に手話通訳者を」と行政サービス全体に広がり、ろう者に対する行政サービスの実施責任を求める動きがみられます。

また、上記大会の特徴として、全国の手話通訳者がはじめて一堂に会した「全国手話通訳者会議」の同時開催があげられます。この「全国手話通訳者会議」の意義について、日本聴力障害新聞大会特集号外から紹介します。「全国に散在している手話通訳者もやはり我々の立場に立ち、ろうあ者の人権を守る運動の隊列に立たなければならない。第17回大会は、はじめてこのことをはっきりとこの祭典に反映させた」（1968（昭和43）年6月3日「日本聴力障害新聞」）と手話通訳活動の原点といえる意義について触れています。ろう者の人権と不可分の関係にある手話通訳制度化運動元年といってもいいでしょう。

この人権を基盤とする動きは突然浮上してきたものではありません。1965（昭和40）年、東京で2人のろう者が飲食中、手話をからかわれたことから喧嘩になり、はずみで飲食店の主人を死なせてしまった「蛇の目寿司事件」が起こりました。ろう者の裁判権をめぐる問題が明らかになった事件でした。

翌年の1966（昭和41）年11月、全国のろうあ青年が集まった第1回全国ろうあ青年研究討論会が京都で開かれました。2日間の討論を経て

宣言がまとめられています。その宣言の一部を紹介します。「ろうあ者の権利を侵しているさまざまな事実、希望や要求に対する厚い壁の実態が、ろうあ者自身の切実な体験として、次々に明らかにされました。そして、その原因が深く追及され、我々が何に向かって行動したらよいかが、全国のろうあ者の固い連帯感の中で、一層はっきり確認されました。（中略）また、耳のきこえる人びととも、しっかり手を結んで、進んでいかなければならない（中略）全国の仲間とともに、しっかりと腕を組んで前進することをここに宣言します。」（「日本聴力障害新聞」1966（昭和41）年12月15日号）と私たちも学ぶべき示唆に富んだ宣言がでています。

３ 手話通訳事業の法定化
―手話通訳制度化運動元年から第二種社会福祉事業へ―

　「権利の構成要素」について井上は、先に述べたとおり、1つは法律によって（法定化）、2つ目は権利保障を求めて裁判に訴えることができることをあげています。

　法定化については、身体障害者の自立と社会経済活動への参加の促進を目的とする「身体障害者福祉法」、社会福祉事業の公明かつ適正な実施の確保及び社会福祉を目的とする事業の健全な発達を目的とする「社会福祉法」。加えて、身体障害者福祉法と相まって、基本的人権を享有する個人としての尊厳にふさわしい日常生活又は社会生活を営むことができるよう、必要な障害福祉サービスに係る給付、地域生活支援事業その他の支援を総合的に行うことを目的にサービス提供を主眼とする「障害者の日常生活及び社会生活を総合的に支援するための法律」（以下、障害者総合支援法）があります。ここでは、各法律の手話通訳に関連する条文を紹介します。

（1）身体障害者福祉法の手話通訳事業

まず、手話通訳事業の根拠法となっている身体障害者福祉法です。

▶ **身体障害者福祉法（昭和 24 年法律第 283 号）**

（事業）

第 4 条の 2　この法律において、「身体障害者生活訓練等事業」とは、身体障害者に対する点字又は手話の訓練その他の身体障害者が日常生活又は社会生活を営むために必要な厚生労働省令で定める訓練その他の援助を提供する事業をいう。

2　この法律において、「手話通訳事業」とは、聴覚、言語機能又は音声機能の障害のため、音声言語により意思疎通を図ることに支障がある身体障害者（以下この項において「聴覚障害者等」という。）につき、手話通訳等（手話その他厚生労働省令で定める方法により聴覚障害者等とその他の者の意思疎通を仲介することをいう。第 34 条において同じ。）に関する便宜を供与する事業をいう。

第 27 条　国及び都道府県以外の者は、社会福祉法の定めるところにより、手話通訳事業を行うことができる。

（視聴覚障害者情報提供施設）

第 34 条　視聴覚障害者情報提供施設は、無料又は低額な料金で、点字刊行物、視覚障害者用の録音物、聴覚障害者用の録画物その他各種情報を記録した物であつて専ら視聴覚障害者が利用するものを製作し、若しくはこれらを視聴覚障害者の利用に供し、又は点訳（文字を点字に訳すことをいう。）若しくは手話通訳等を行う者の養成若しくは派遣その他の厚生労働省令で定める便宜を供与する施設とする。

（2）社会福祉法（第二種社会福祉事業）の手話通訳事業

次に、この手話通訳事業を社会福祉事業（第二種）として明確に位置

づけた社会福祉法です。

　2000（平成 12）年社会福祉基礎構造改革の流れの中で、手話通訳事業が第二種社会福祉事業として位置づけられました。手話通訳事業を社会福祉事業に位置づけた時期に行われた社会福祉基礎構造改革を整理しておきます。

　社会福祉基礎構造改革をめぐっては、名称の通り社会福祉の基礎部分を転換する改革であったことから賛否両論あり、多くの論争がありました。この点については触れませんが、社会福祉法の条文を紹介する前に、その概要を簡単に紹介します。

社会福祉基礎構造改革 ― 改正等の対象となる法律（8 本）―

　厚生省（現・厚生労働省）の「社会福祉の増進のための社会福祉事業法等の一部を改正する等の法律の概要」（平成 12 年 6 月）からその一部を紹介します。

▶ 法律改正の名称

　社会福祉の増進のための社会福祉事業法等の一部を改正する等の法律

▶ 改正した個別法

・社会福祉事業法（「社会福祉法」に題名改正）

・身体障害者福祉法、知的障害者福祉法、児童福祉法、民生委員法、社会福祉施設職員等退職手当共済法、生活保護法の一部改正

・公益質屋法の廃止

図1　福祉サービスの利用制度化

出典：厚生省報道発表資料「社会福祉基礎構造改革について（社会福祉事業法等改正法案大綱骨子）」平成 11 年

▶ 改正の内容

・利用者の立場に立った社会福祉制度の構築

・サービスの質の向上

・社会福祉事業の充実・活性化

・地域福祉の推進

・その他の改正

▶ 社会福祉法（昭和 26 年法律第 45 号）

（定義）

第 2 条　この法律において「社会福祉事業」とは、第一種社会福祉事業及び第二種社会福祉事業をいう。

3　次に掲げる事業を第二種社会福祉事業とする。

五　身体障害者福祉法（昭和 24 年法律第 283 号）に規定する身体障害者生活訓練等事業、手話通訳事業又は介助犬訓練事業若しくは聴導犬訓練事業、同法に規定する身体障害者福祉センター、補装具製作施設、盲導犬訓練施設又は視聴覚障害者情報提供施設を経営する事業及び身体障害者の更生相談に応ずる事業

　社会福祉事業は、利用者の生命、健康をはじめとする人権に係る業務としての性格から、法により一定の条件が課せられています。その考え方を**表 2** の通りまとめました。

※社会福祉基礎構造改革と手話通訳事業について深めたい方は、『手話通訳士協会ブックレット 5 日本手話通訳士協会 10 周年記念シンポジウム「社会福祉法と手話通訳制度」』一般社団法人日本手話通訳士協会をお勧めします。

(3) 障害者総合支援法の意思疎通支援事業

　2012（平成 24）年、障害者自立支援法から障害者の日常生活及び社会生活を総合的に支援するための法律（以下、障害者総合支援法）に題名改正された際、障害者と障害のない人の意思疎通を支援する手段は、

表2 社会福祉事業としての手話通訳事業の構造

社会福祉事業としての手話通訳事業の構造		
形態	身体障害者福祉法第4条の2第2項	聴覚障害者等とその他の者の意思疎通の仲介
	障害者総合支援法第77条第1項第六号	聴覚障害者等とその他の者の意思疎通の支援
事業者の努力	社会福祉法第75条	経営する社会福祉事業の情報提供
	社会福祉法第78条	情報提供、サービスの質の評価を通じた良質かつ適切なサービス提供
サービス提供原則	社会福祉法第5条	利用者の意向を尊重し、関係者との連携を図り、総合的に提供
基本理念	社会福祉法第3条	個人の尊厳の保持、心身ともに健やかな育成、能力に応じ自立した日常生活をめざした良質かつ適切な支援の提供
	障害者総合支援法第1条の2	共生する社会を実現させるために生活するうえで障壁となる一切のものの除去に資することを旨とし総合的かつ計画的に行わなければならない

聴覚障害者への手話通訳や要約筆記に限られず、多様なことから「手話通訳等を行う者の派遣又は養成」という表現から「意思疎通支援」に改めました（意思疎通支援｜厚生労働省ホームページ https://www.mhlw.go.jp/bunya/shougaihoken/sanka/shien.html より）。

　では、条文を紹介します。

▶障害者総合支援法（平成17年法律第123号）

（市町村の地域生活支援事業）

第77条　市町村は、厚生労働省令で定めるところにより、地域生活支援事業として、次に掲げる事業を行うものとする。

六　聴覚、言語機能、音声機能その他の障害のため意思疎通を図ることに支障がある障害者等その他の日常生活を営むのに支障がある障害者等につき、意思疎通支援（手話その他厚生労働省令で定める方法により当該障害者等とその他の者の意思疎通を支援することをいう。以下同じ。）を行う者の派遣、日常生活上の便宜を図るための用具であっ

て厚生労働大臣が定めるものの給付又は貸与その他の厚生労働省令で定める便宜を供与する事業

七　意思疎通支援を行う者を養成する事業

手話通訳事業が人権施策としての入り口となった手話通訳制度化運動元年から第二種社会福祉事業までの流れを**表3**にまとめました。

表3　人権施策としての手話通訳事業―手話通訳制度（養成・認定、設置、派遣）―の流れ

年	出来事
1970（昭和45）年	手話奉仕員養成事業の開始
1973（昭和48）年	手話通訳設置事業の新設
1976（昭和51）年	手話奉仕員派遣事業の実施
1979（昭和54）年	手話通訳指導者養成研修事業、標準手話研究事業の開始
1981（昭和56）年	第94回通常国会で手話通訳制度化採択
1981（昭和56）年	厚生省（現厚生労働省）が手話通訳制度調査費を予算化
1982（昭和57）年	厚生省委託「手話通訳制度調査検討委員会」発足
1985（昭和60）年	「手話通訳制度調査検討委員会」報告書を厚生省へ提出
1986（昭和61）年	厚生省委託「手話通訳認定試験基準等に関する検討委員会」発足
1987（昭和62）年	「手話通訳士養成と認定制度を確立」の中間報告を策定検討委員会より厚生省へ提出
1987（昭和62）年	手話奉仕員派遣事業の家庭奉仕員派遣事業への組み入れ反対運動（結果は厚生省は見送りを決定）
1988（昭和63）年	厚生省委託「手話通訳認定に関する委員会」発足
1988（昭和63）年	手話通訳士（仮称）認定基準等に関する報告書厚生省へ提出
1989（平成元）年	手話通訳を行う者の知識及び技能の審査・証明事業の認定に関する告示
1989（平成元）年	手話通訳技能審査制度創設、初の厚生大臣後任手話通訳士試験実施
1991（平成3）年	日本手話通訳士協会設立
2000（平成12）年	身体障害者福祉法の改正で手話通訳事業が盛り込まれる
2000（平成12）年	社会福祉法の改正で手話通訳事業が第2種社会福祉事業となる
2005（平成17）年	障害者自立支援法の制定で「手話通訳等」を行う者の派遣又は養成が盛り込まれる
2013（平成25）年	障害者自立支援法の題名改正（障害者総合支援法）の際、手話通訳等が意思疎通支援に改められた

④ 裁判事例

次に、井上の「権利の構成要素」の１つである裁判の例です。

（1）高松手話通訳派遣拒否事件訴訟（平成 24 年（行ウ）第 5 号）

2011（平成 23）年、高松市在住の池川洋子さんが、県外にある専門学校の保護者説明会への手話通訳を申請したところ、高松市に拒否されたことに端を発した裁判です。この裁判は、2012（平成 24）年 2 月 28 日に提訴してから 2 年 8 ヵ月後の 2014（平成 26）年 10 月 22 日に高松地方裁判所において、原告池川さんと被告高松市が和解しました。

和解条項と全日本聾唖連盟の声明を紹介します。

原告と被告は、高松市地域生活支援事業（手話奉仕員派遣事業・要約筆記奉仕員派遣事業）実施要綱が廃止され、新たに高松市意思疎通支援事業実施要綱が平成 26 年 4 月 1 日から施行されたことに伴い、被告が原告に対し、聴覚障害者に対して意思疎通支援者（手話通訳者及び要約筆記者）の派遣の必要性と市外派遣がより広く認められるように、新たな要綱をその趣旨に従って誠実に運用することを約束したことを踏まえて、下記のとおり和解する。

1　原告は、被告に対する本件請求中、行政処分の取消しを求める部分の訴えを取下げ、被告は、この取下げに同意する。

2　原告は、その余の請求を放棄する。

3　訴訟費用は各自の負担とする。

（出典：高松市手話通訳派遣を考える会ホームページ　https://takamatsu-haken.jimdofree.com/）

高松市の手話通訳派遣拒否裁判和解成立についての声明
（高松市手話通訳・市外派遣拒否違憲訴訟）

2014 年 10 月 30 日

一般財団法人全日本ろうあ連盟

＜高松裁判和解成立＞

　2012 年 2 月 28 日、高松地方裁判所に提訴された表題の裁判は、原告である池川洋子さんだけの問題でなく、制度の問題であり、全ての聴覚障害者の問題でもあると受け止められ、高松市の手話通訳派遣を考える会と弁護団の結成、それを支える全国のなかま、手話関係者等によって運動がすすめられてきました。

　その過程で高松市は和解に先立ち、2014 年 4 月 1 日に旧来の手話奉仕員派遣事業・要約筆記奉仕員派遣事業を廃止、同時に市外派遣、派遣範囲、対象の拡大を認める内容の高松市意思疎通支援事業実施要綱を施行しました。

　2012（平成 24）年 2 月 28 日に提訴してから、旧要綱の廃止、新要綱の制定・施行という形で 2014（平成 26）年 10 月 22 日にようやく和解成立となりました（詳細は原告弁護団の「高松市手話通訳・市外派遣拒否違憲訴訟和解成立についての声明」を参照してください）。

＜私たちの運動課題　～障害者差別解消法の成立、障害者権利条約の日本批准の中で～＞

　高松市の手話通訳派遣拒否問題は高松市意思疎通支援事業実施要綱の施行、和解成立によって解決をみましたが、2012（平成 24）年 8 月の第 45 回全国手話通訳問題研究集会 in 高知で出された「高松市の手話通訳派遣拒否裁判シンポジウム・アピール」には、情報アクセスとコミュニケーションの支援が権利として保障される法制度の創設、支援の仕組みが全国一律に整備されること、手話通訳者等の支援者の身分が保障されることが掲げられ、弁護団声明でも、行政措置、立法措置への結実が訴えられています。

今、私たちは、国に対して「手話言語法（仮称）」の早期制定を求める意見書採択運動に取り組んでいます。意見書が採択された地方自治体議会が全体の75％を超えていること、また、手話言語条例を制定する地方自治体が徐々に広がっていることは、聴覚障害者だけの問題ではなく、地域社会の問題だと理解され、受け入れることができるように社会が変わってきていることの証だと思います。

　この変化をさらに確かなものにするため、引き続き高松裁判で和解成立のきっかけになった「障害者の日常生活及び社会生活を総合的に支援するための法律」の意思疎通支援事業で示されているモデル要綱を基準に、すべての都道府県及び市町村で実施または運営されるよう取り組むこと、また、「情報・コミュニケーション法（仮称）」の実現に向けて運動を続けていきましょう。

　私たちは確信します。「諦めない。諦めてはならない。私たちの願いが届くまで」の想いが、いつでもどこにいても情報アクセス・コミュニケーションが当たり前に享受できる社会の成熟と法制定の大きな力となることを。

以　上

（出典：一般財団法人全日本ろうあ連盟ホームページ「高松市の手話通訳派遣拒否裁判和解成立についての声明　https://www.jfd.or.jp/2014/10/30/pid12734）

5 手話言語の認知・情報・コミュニケーションの 法定化要求

　ろう者が手話言語で自由に生活できる環境を用意するために手話通訳事業は不可欠です。このことから手話通訳事業は、人権施策として法定化され、裁判もできる体制が確保されたのです。

　しかし、まだ不十分な点が残されています。『ブックレット5 社会福祉法と手話通訳制度』（一般社団法人日本手話通訳士協会）で、当時、一般財団法人全日本ろうあ連盟理事長の安藤豊喜は、①「手話が言語として法定化（以下、手話言語法）されること」（18ページ）、②「手話通訳士試験を「国家試験」に昇格させること」（19ページ）と述べ、当時、全国手話通訳問題研究会事務局長の近藤幸一は、③「アメリカのADA法のような、コミュニケーション双方支援法（以下、情報・コミュニケーション法）のような法制的な要求が大事」（41ページ）と、2つの法定化（国家資格が別建ての場合3つになる）が必要であると指摘しています。

　筆者は、手話言語法が「根っこ」で、情報・コミュニケーション法が「幹」で、手話通訳事業が「主枝」で、この木を支え、育てることが国家資格として位置づけられた専門職としての手話通訳制度と考えています。

　これらの法定化要求は、基本的人権を保障する国家（地方政府含む）が提供するサービスを聞こえる人と同じように使いたいとするささやかな「平等」を求める側面も持っています。人権を考える根源的な意味を持っているといえるものです。

第2節 未熟な社会によるニーズ
―2つの手話通訳環境―

ここでは、社会環境や1人ひとりの意識について考えてみます。

1 1人ひとりの意識

　脳生理学者の時実利彦は、「私たち人間の前頭連合野に芽ばえる競争意識は、野心に燃えさかり、征服欲にたかぶってくる。更にこうじると、相手を消してしまう殺しの心に爆発するのである。個性の座、創造の座である前頭連合野は、私たち人間の血管のなかに殺し屋の血潮をたぎらせ、私たちをして同類あいはむ殺人行為においたてているのである。(中略)

　平和を語り、戦争を論ずる私たちは、この醜い「人間である姿」、動物にも劣る人間の愚行に目をそむけてはならない。」(時実利彦『人間であること』岩波書店、1970年、171、172ページ)と述べ、人間の持つ醜さが脳の仕業であることを教えてくれています。

2 社会環境

　この人間の持つ醜い面は、社会意識によってつくられ、権利の構成要素の1つである法律にまで影響を与えることについて、漫画家の山本おさむは次のようにと言っています。

　「いわば自然に、無意識のうちに彼らを劣った人間と見なし排除してきたのである。それは私たちが歴史のなかで積み重ね、醸成してきた、いわば社会意識であったろう。障害者を能力のない者と見なし排除する。このような障害者観は、長い時間を積み重ねて作られ、受け継がれて今日に至っているのである。そして我々の意識の中にはもちろん、民法や道路交通法、ひいては野球憲章の中にまでその痕跡を残している。」(山本おさむ『「どんぐりの家」のデッサン　漫画で障害者を描く』岩波現代文庫、2018年、93ページ)。

　また、不良な子孫の出生を防止することを目的とするいわゆる旧優性

保護法（1948（昭和 23）年から 1996（平成 8）年）問題は、そのもっともたるもので、ろう運動はこのような優性思想と劣等処遇意識と対峙してきました。ろう運動が対象としてきた優性思想と劣等処遇意識下で手話通訳士は活躍しているのです。繰り返しになりますが、手話通訳要求は、未熟な社会を背景に誕生し、発展しているのです。

【参考】

旧優生保護法被害訴訟大阪地裁判決を受けての緊急声明

2020 年 12 月 4 日

一般財団法人全日本ろうあ連盟

理事長　石野富志三郎

　この 11 月 30 日、旧優生保護法によって強制不妊手術を強いられた知的障害者とろう者夫婦が国に対して損害賠償を請求した訴訟の判決が大阪地裁であった。結果、優生保護法の憲法違反は認められたものの、除斥期間の 20 年の適用により請求が棄却されるという不当判決となった。

1. 本判決は、旧優生保護法は憲法第 13 条・第 14 条に違反する、障害者の司法アクセス環境が不十分であったと判断したにもかかわらず、除斥期間 20 年を適用し、単なる時の経過で国の重大な人権侵害に対する損害賠償請求権が消滅したと切り捨てた。

2. 「旧法は違憲」と判断したとはいえ、被害者や被害者の家族に対しその損害賠償を認めなかった。これは被害者に対し個人の尊厳を貶めた国の責任を認めながら、その損害賠償請求を退けることで、国の責任は不問とする判決であり、私たちはこれを到底承服することはできない。

3. 原告であるろう者夫婦は「判決も障害者差別だ」と怒りを隠せず、上訴を決意している。現在までに、全国各地で 25 名の原告による訴訟の提起がなされているが、兵庫のろう者の原告はこの判決を見ず、

先日この世を去られた。【当連盟は優生保護法の被害を受けたろう者を170名把握しているが（2020年8月31日現在）いうまでもなく被害者は高齢のため、早期の被害回復を実現させる必要がある。】連盟は今後続く判決が正義の判断を示すことを心から強く望むとともに、その実現のために、引き続き、全国の被害者・家族・弁護団・支援者の方々とたたかう決意である。

4. 障害をもつ人間を社会から排除した当時の「優生保護法」は、戦時に制定した「国民優生法」を反映させたものであり、しかも重大な問題は、基本的人権などを大原則とした新たな憲法のもとでの最初の障害者にかかわる法律であったことである。障害者の存在を「不良」とする基本的人権をないがしろにしたその障害者観は、昭和24年制定の身体障害者福祉法をはじめ、厚労省関係を最多とする障害者差別法規を生み出すことになった。それは、ろう者はもとより障害者自身の自己肯定への法的・社会的障壁となった。

5. ゆがめられてきた障害者観を最新の科学的知見に基づき、その人権と尊厳を明らかにしたのが国連障害者権利条約である。私たちは、この障害者権利条約に則り、原告並びに被害者の権利としての国家賠償請求権の実現のために、幅広い人々と手をつなぎ運動を続けていく決意である。

手話通訳とは何か

　ここまで述べてきたことを、松本晶行の『ろうあ者・手話・手話通訳』（文理閣、1997 年）、第 8 回世界ろう者会議提出論文「日本における手話通訳の歴史と理念」（安藤豊喜・高田英一）（以下、安高論文）に依拠しながら手話通訳の概略について整理します。

1 手話通訳に求められる力

　松本は『ろうあ者・手話・手話通訳』で、手話通訳のポイントは「言葉を正確に伝えることではなく[注]、話し手の意図を正確に伝えること」（189 ページ）にあり、「話し手の意図を理解するには、話し手と話された言葉と両者についての理解が要求される。」（190 ページ）としています。

　さらに、「聞こえる人とろうあ者と双方を理解し、認識することが第一なのであり、それから手話能力が問われるのである。」（193 ページ）と述べ、また、「聴覚とは縁がなかったろうあ者の生活感覚を理解しなければならないのである。ろうあ者問題を学び、その生活を理解することなしに手話技術なるものは存在しない。」（197 ページ）と「理解」について述べています。

　加えて、手話技術とろうあ者についての理解は一体のものであると前置きしたうえで、手話通訳者に要求される姿勢について、「人権感覚であり、ろうあ者の権利を守る姿勢である。」（201 ページ）と述べ、「権利を守る手話通訳」の姿勢が手話通訳技術の一部と断言していることは、先に述べた手話通訳士の姿でもあり、本来の手話通訳事業の性格を表しているといえます。

注：現在では、高等教育場面等の手話通訳もあり、言葉を正確に伝える要素も大切になっている面は否定できない。しかし、その場合であっても話し手の意図なくして通訳が成立しないことは言うまでもない。（筆者追記）

② 手話通訳の役割・機能

次に、安高論文から手話通訳の果たすべき役割・機能についてその概略を整理します。

「ろう者の権利を守る手話通訳は、社会的行動の自由の獲得のための協力者であり援助者であるとすることが正しい。行動の自由の範囲の拡大こそ、ろう者要求の本質をなすものであり、ろう者の社会的自立のための人間関係の発達、社会制度整備の一里塚を示すものである。」と手話通訳の有無、手話通訳士の都合によってろう者の行動が制限されてはならない。手話通訳は、ろう者がこの社会で自由に行動できる環境づくりにその本旨があるとしています。

そして、「手話通訳はすぐれた手話通訳技術者であることに先立って、すぐれた社会活動家であるべきである。」と述べ、先に触れたように人権施策としての手話通訳の機能を整理したものと理解できます。

③ 第32回（令和3年版）手話通訳士試験「受験の手引」から

「受験の手引」のⅡ出題基準等１学科試験の（3）手話通訳のあり方を読むと、次の３点に集約されています。

手話通訳が対象とする人は「相互の意思伝達が困難な人で」その行為は、①「通訳は、相互の意思伝達が困難な人々の間のコミュニケーションを仲介する行為である」。そして、手話通訳の特徴である手話通訳の担い手だけが知ることは、②「通訳場面では両者の意見や立場を知り得る唯一の人」と通訳ならではの特徴から、「重要な役割を担う」としています。したがって、手話通訳に求められる知識、技術の高さとして、③「公正な態度、さまざまなことを理解する知識及び高い通訳技術」をあげています。

執筆者一覧 （執筆順）

川根紀夫 —— はじめに、第1章、第3章
　　一般社団法人日本手話通訳士協会前理事

鈴木唯美 —— 第2章第1、2節
　　一般社団法人日本手話通訳士協会会長

高井　洋 —— 第2章第3節
　　一般社団法人日本手話通訳士協会副会長

小林君恵 —— 第2章第3、4節
　　一般社団法人日本手話通訳士協会理事

作業チーム —— 市来由子、久保典子、田野美佳、築山恭子
　　一般社団法人日本手話通訳士協会出版委員会委員

事務局 —— 草野真範、川根紀夫、小林君恵、鈴木唯美、高井洋

編集協力

一般財団法人全日本ろうあ連盟
一般社団法人全国手話通訳問題研究会
社会福祉法人全国手話研修センター

監修紹介

一般社団法人日本手話通訳士協会
（JASLI）
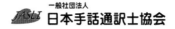

手話通訳士の資質および専門的技術の向上と、手話通訳制度の発展に寄与することを目的とし、1991（平成3）年に全国の手話通訳士が結集し「日本手話通訳士協会」を設立、2009（平成21）年に法人格を取得し「一般社団法人日本手話通訳士協会」になりました。

〒112-0014
東京都文京区関口 1-7-5　メゾン文京関口 805 号
電話：03-6906-8360　FAX：03-6906-8359
URL：http://www.jasli.jp/

手話通訳士試験合格への道
評価項目に準拠した実技試験対策のポイント

2021 年 7 月 30 日　発行

監　修 ………………	一般社団法人日本手話通訳士協会
発行者 ………………	荘村明彦
発行所 ………………	中央法規出版株式会社

〒110-0016　東京都台東区台東 3-29-1　中央法規ビル
営　　業　TEL 03-3834-5817　FAX 03-3837-8037
取次・書店担当　TEL 03-3834-5815　FAX 03-3837-8035
https://www.chuohoki.co.jp/

印刷・製本 ………………	新津印刷株式会社
本文デザイン・装幀 ……	株式会社ジャパンマテリアル
装画 ………………	Cato Friend

ISBN978-4-8058-8356-3

本書の内容に関するご質問については、下記 URL から「お問い合わせフォーム」に
ご入力いただきますようお願いいたします。
https://www.chuohoki.co.jp/contact/